コンタクトセンターのプロから学ぶ

ビジネスコミュニケーション

電話応対の基礎とビジネスマナー

日本コンタクトセンター教育検定協会

公式テキスト

コンタクトセンター検定試験
エントリー資格

CMBOK2.0準拠
試験範囲完全対応

JN302238

FOM出版 | コン検 日本コンタクトセンター教育検定協会

コン検　公式テキスト
ビジネスコミュニケーション
CMBOK2.0 準拠

※発行者および編集者は、本書の使用によるコンタクトセンター検定試験の合格を保証するものではありません。
※コンタクトセンター検定試験問題は非公開です。本書に掲載している練習問題は、実際の試験問題と同様の仕様にて作題し、精査した問題ですが、実際の試験での出題を保証するものではありません。
※本書の出版にあたっては正確な記述に努めましたが、発行者および編集者のいずれも、本書の内容に対して何らかの保証をするものではなく、内容に基づく如何なる運用結果にも一切の責任を負いません。
※本書に記載されている会社名、製品名はそれぞれ各社の商標および、登録商標です。
※本書では、™、®、© は割愛しております。

CONTENTS

CONTENTS

コンタクトセンター検定試験の概要

■ コンタクトセンター検定試験とは

コンタクトセンター検定試験は、コンタクトセンター就業者や電話を中心とした非対面のコミュニケーションが必要とされる業務への従事を目指す人材の知識・スキルを認定する検定試験です。

検定試験は一般社団法人日本コンタクトセンター教育検定協会が開発し、実施しています。

「協会公式サイト」 https://www.conken.org/

※アドレスを入力するとき、間違いがないか確認してください。

■ 試験科目

コンタクトセンター検定試験には、下記の科目があります。

- エントリー（EN）
- オペレーター（OP）
- スーパーバイザー（SV）
- オペレーションマネジメント（OMP）
- コンタクトセンターアーキテクチャ（CAP）

■ エントリー資格試験の出題範囲

出題範囲は本テキストから下記の出題比率で出題されます。

出題分野	出題比率
コンタクトセンターについての基礎知識	5％
マナーと心構え	20％
お客様対応に必要なスキル	30％
お客様対応に必要な基礎知識	30％
お客様対応を支えるシステムとマネジメント	15％

■ 試験の形式と受験料

試験はコンピューターで解答する CBT（Computer Based Testing）方式で行われます。試験終了後、すぐに合否が判定され、コンピューターの画面上に結果が表示されます。試験終了後には、評価得点と分野ごとの正答率が記載された「試験結果レポート」が発行されます。

合格者には、合格から４～６週間以内に「認定証」が郵送されます。

出題数	５０問
出題形式	選択式問題
試験時間	５０分
合格基準	スコア５００以上※
受験料	3,850 円（本体 3,500 円＋消費税 10%）

※試験の評価は、素点（正答数の単純合計）ではなく、項目応答理論を用いた能力値を算出し、能力値を評価得点（スコア２００から８００の値を取る）のスコア５００以上を合格としています。

■ 受験方法

全国主要都市にある試験会場で随時試験を実施しています。試験会場の検索や試験の申込方法については、試験サイト「Odyssey CBT」で案内しています。

「Odyssey CBT」　https://cbt.odyssey-com.co.jp/

※アドレスを入力するとき、間違いがないか確認してください。

■ 受験についての問い合わせ

受験についてのお問い合わせは、下記窓口で受け付けています。

(株)オデッセイ コミュニケーションズ

カスタマーサービス

E メール：mail@odyssey-com.co.jp

※コンタクトセンター検定試験の実施・運営は(株)オデッセイコミュニケーションズに委託しています。

Chapter 1

コンタクトセンターについての基礎知識

Entry

1-1 コンタクトセンターとは？

【1】コールセンターとコンタクトセンター

学習ポイント

- コールセンターとコンタクトセンターの意味を知る
- お客様へのサービスにおけるコンタクトセンターの意義を考える

1 コールセンターとコンタクトセンター

「コールセンター」という言葉は、一般に使われる言葉になってきました。テレビのコマーシャルでも、頭にヘッドセット（ヘッドフォンとマイクが一体になった装置）をして、お客様の電話に答えているシーンが出てきたり、「お問い合わせはコールセンター、フリーダイヤル0120-XXX-XXXまで！」などとアナウンスされたりすることが多くなりました。

このテキストでは、「コールセンター」のことを、「コンタクトセンター」と呼んでいます。電話＝コールの対応を行う事業所という意味で「コールセンター」と広く使われていますが、実際には、電話以外にも、Eメールやファックス、郵便での問い合わせ対応などを行っていることがとても多いのです。

したがって、コンタクト＝相手と直接連絡を取ったり、情報を交換したりすること、という意味を活かし、お客様とのコミュニケーションを行う部門（事業所）のことを「コンタクトセンター」と呼んでいます。

1 コンタクト＝相手と直接連絡を取ったり、会ったり、情報交換をしたりする意味がある

2 コンタクトセンターとは、お客様とのコミュニケーションを行う部門として、電話だけでなくいろい

☞ワンポイント

「コールセンター」は一般に使われる用語になりました。
コンタクトセンターもほぼ同じ意味で使うことができます。

☞ワンポイント

お客様とのコミュニケーション＝コンタクトという意味が強調されて、コンタクトセンターと呼んでいるともいえます。

ろな方法でコンタクトを取る部門としての呼び方

2 お客様へのサービスとコンタクトセンター

どのような組織であっても、必ず「お客様」がいます。お客様に、何らかのサービスを提供することが、組織の目的です。コンタクトセンターのお客様サービスを理解するには、「組織」「お客様」「提供しているサービス」「提供する方法」を知っておく必要があります。

1 あなたの所属する組織はどのような組織でしょう？

ⓐ 営利組織

企業は、企業活動を通じて収益（利益）を上げ、収益を株主や従業員に還元することを目的にしています。

ⓑ 非営利組織

公共の組織（国・地方自治体）やＮＰＯ法人、慈善団体などは、収益を上げることを第一の目的とせず、サービスを提供することを目的としています。

2 あなたのいる組織のお客様は誰でしょう？

ⓐ 社外顧客：会社や組織の外にいるお客様

ⓑ 社内顧客：会社や組織の中にいるお客様

3 あなたのいる組織で提供しているのは、どのような商品・サービスでしょう？

ⓐ 実際に手に取ることができる「モノ」の販売

例：本の販売、食品の販売

ⓑ 形がない「サービス」の提供

例：ホテルのサービス、金融商品の提供

ⓒ 「モノ」と「サービス」をセットで提供

商品を販売している会社の多くが、商品が故障した場合に、修理をするサービスを行うなど、「モノ」と「サービス」をセットで提供しています。また、カード会社などは、カードで支

☞ワンポイント

お客様に提供している商品には、「モノ」と「サービス」の2種類があります。

払いができるサービスだけでなく、カード利用者に保険のサービスをつけるなど、「サービス」と「サービス」を組み合わせて提供しています。

4 サービスの提供方法

サービスの提供方法にもタイプがあります。

ⓐ 対面

お客様と実際に相対してサービスを提供します。
例：レストラン、映画館のチケット、ホテルサービス

ⓑ 非対面

お客様とは直接対面せず、電話やEメール、郵便などの方法を使ってサービスを提供します。

例：テレフォンショッピング、インターネット通販、通信教育

コンタクトセンターは、どのようなお客様か、「モノ」か「サービス」かに関わらず、非対面でサービスを提供するところです。

☞ワンポイント
コンタクトセンターは、非対面のサービスを提供するところです。

☞ワンポイント
電話だけでなく、EメールやFAX、郵便など複数の手段（チャネル）でサービスを提供するコンタクトセンターを「マルチチャネルコンタクトセンター」といいます。

3 お客様へのサービスの提供

お客様に喜ばれるサービスとはどのようなことでしょう？
そして、お客様に喜ばれるサービスを提供するために必要なことは何でしょう？

1 お客様に喜ばれるサービスとは

ⓐ お客様にあいさつする

ⓑ お客様の疑問に答える

ⓒ お客様に必要な情報を提供する

ⓓ お客様の問題を解決する

ⓔ お客様の要望やクレームに対して対応をする

ⓕ お客様との良好な関係を築く

☞ワンポイント
コンタクトセンターは、お客様に喜ばれるサービスを提供するために、組織的に運営されています。

☞ワンポイント
コンタクトセンターでは、お客様に対して、定型的な内容や、ばらつきのない「一元的な対応」を行うことにより、お客様の満足度を高めています。

☞ワンポイント
コンタクトセンターは、お客様の満足度が向上するサービスを提供することにより、組織へ貢献する役割を担っています。

❷ お客様に喜ばれるサービスを提供するための準備

お客様に喜ばれるサービスを提供するためには、一人一人が頑張るだけではできません。組織として、お客様に喜ばれるサービスを提供する準備や体制がとても重要になります。担当者によって対応の方法が違ったり、正確な情報を提供できないと、お客様に喜ばれるサービスを提供し続けることはできません。コンタクトセンターでは、すべてのお客様に一貫性のある対応ができるように、以下のような組織的な準備をしています。

ⓐ 組織としてどのようにお客様と対応するか方針がある

ⓑ お客様からの情報を活かす仕組みがある

ⓒ 社員やスタッフに必要な教育・訓練ができる

ⓓ 社員やスタッフが安全に仕事をできる環境がある

ⓔ クレームや要望に対する対応の仕組みがある

4 お客様へのサービスの意味

お客様へのサービスの意味をもう一度考えてみましょう。
お客様が良いサービスを受けると、どのような行動につながるでしょうか。

ⓐ お客様が商品やサービスを購入してくださり、ずっとお客様でいていただける

ⓑ お客様が、他のお客様を紹介してくださる

ⓒ 会社や組織の収益が増える

ⓓ 会社や組織が発展し、ずっとサービスを提供できる

コンタクトセンターは、お客様の満足度を向上し、企業や組織の収益を増加させる役割を担っています。

【2】コンタクトセンターの役割

学習ポイント

- コンタクトセンターサービスの影響力を知る
- コンタクトセンターの組織としての取り組みを知る

1 コンタクトセンターのサービスの重要性

コンタクトセンターで、良いサービスが提供できないと、どのようなことが起こるでしょうか。
以下は、悪いカスタマーサービスの評判を生むといわれている５つの要素です。

❶ 期待をさせた上に約束を守らない

ⓐ お客様の期待を裏切り、お客様が離れてしまう。
もしかしたら、知人や家族に悪い評判を話すかもしれない。

ⓑ 会社の評判が落ちる。お客様は、他社の商品を購入したり、サービスを利用するようになるかもしれない。

❷ 強引に商品を売り込む

ⓐ 強引な売り込みで一度は購入してもらえるかもしれないが、継続的に商品を購入してもらうことは難しい。

ⓑ 会社に対して、失望する。お客様は他社の商品を購入したり、サービスを利用するようになるかもしれない。

❸ 秘密主義な感じや、信じて貰えない印象

ⓐ 会社に対する、不信感を生んでしまう。

ⓑ お客様は、他社の商品を購入したり、サービスを利用するようになるかもしれない。

☞用語解説

「カスタマーサービス」とはコンタクトセンターにおいて、お客様からの問い合わせや要望などを受け付けるサービス（業務）の総称をいいます。

☞ワンポイント

お客様はコンタクトセンターへどのような不満を持っているか、理解しましょう。

4 心がこもっていない、機械的な対応

ⓐ お客様は、自分は大切にされていないと感じる。

ⓑ 会社に対して親近感を失う。お客様は、他社の商品を購入したり、サービスを利用するようになるかもしれない。

5 しっかりした回答が得られない

ⓐ お客様は、会社そのものが頼りにならないと感じる。

ⓑ お客様は、もっと信頼できる会社があれば、他社の商品を購入したり、サービスを利用するようになるかもしれない。

コンタクトセンターでの対応は、お客様の満足度と企業の収益の増大に、大変重要な役割を果たしています。

2 お客様の期待するサービスとは

☞ワンポイント
お客様が喜ぶサービスのために、コンタクトセンターの仕組みや手順について理解しましょう。

1 お客様の喜ぶサービスとは、何でしょうか？

ⓐ 責任感のある対応

ⓑ 電話の転送が少ない（たらい回しにされない）

ⓒ 迅速に問題が解決する

ⓓ 商品やサービスに対する知識が豊富

2 お客様の喜ぶサービスを提供するために

お客様が喜ぶサービスを、提供していくためには組織としての仕組みや手順がとても重要になります。

ⓐ サービスの基準

サービスの範囲や方法に関する組織としての基準。

ⓑ 対応内容を共有する仕組み

お客様との対応の内容から、企業や組織にとって改善すべき点を社内で共有し、実際に改善していくことで、さらにサービスを向上できます。

ⓒ クレームや要望の対応方針

どのような窓口にも、クレームや要望はつきものです。組織としてどのように対応していくか、その方針が必要です。

ⓓ 非常時の対応手順

災害時などの非常時に、どのようにお客様へのサービスを維持していくか、その手順が整理されている必要があります。

ⓔ 情報を共有する

お客様との対応に必要となる知識を、組織で共有することで、お客様の問題を迅速に解決することができます。

コンタクトセンターは､組織としてお客様の期待するサービスを作り､提供することが大切です。

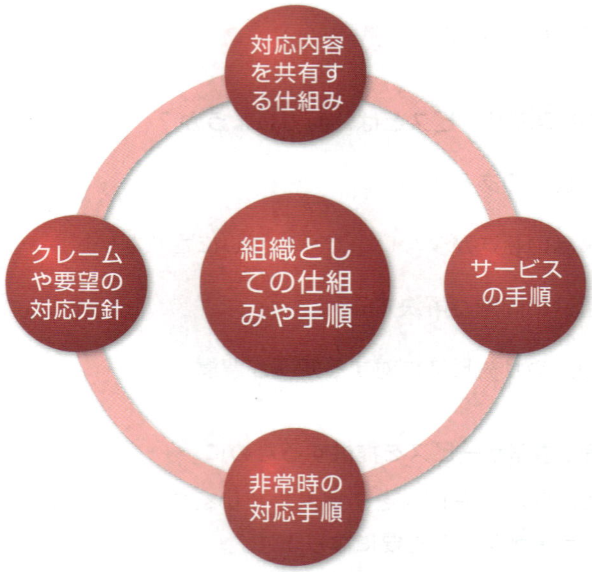

【3】コンタクトセンターの利害関係者

学習ポイント

- コンタクトセンターの2つの“お客様”を知る
- クライアントの意味を理解する

1 コンタクトセンターには2つの"お客様"がいる

☞ワンポイント

コンタクトセンターの利害関係者を知り、クライアントの意味を理解しましょう。

利害関係者とは、何でしょうか？

利害関係者はステークホルダーともいい、組織に直接的・間接的な利害関係がある組織や人をさします。

コンタクトセンターの一番の利害関係者は、コンタクトセンターを利用する「お客様」といえますが、「クライアント」と呼ばれる、もう一つの大事な利害関係者（組織）がいます。

1 コンタクトセンターの利用者＝お客様

2 コンタクトセンターのクライアント

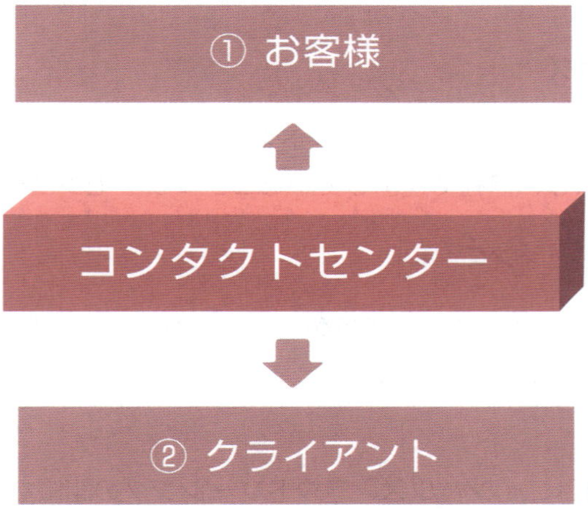

2 「クライアント」とは

クライアントとは、コンタクトセンターに、自分のお客様の対応を委ねている組織のことです。社内のコンタクトセンターであれば、クライアントは、経営陣や、営業部門、企画部門など、顧客対応全体の方針を決定している組織（部門）といえます。社外にコンタクトセンターを業務委託している場合は、クライアントは、業務を発注している会社（発注者）となります。

【4】コンタクトセンターの運営について

学習ポイント

- コンタクトセンターの運営形態を知る
- 様々なコンタクトセンターサービスを知る

1 インハウスとアウトソーシング

コンタクトセンターの運営の形を大きく分けると、インハウスとアウトソーシングがあります。実際には、多くの企業がこの２つの形を使い分けて運営しています。

☞ワンポイント
コンタクトセンターの運営において、よく使用される用語の意味を理解しましょう。

1 インハウス

自分の会社の中で、コンタクトセンターのシステムやオペレーターを用意し、自社で運営しているコンタクトセンターの形。

2 アウトソーシング

コンタクトセンターの業務を、アウトソーサーと呼ばれる業務委託会社に委託している形。

＊人材派遣は、インハウス、アウトソーシングの組織を問わず、コンタクトセンター人材の派遣という形で受け入れられています。

2 アウトソーシングの運営形態の特長

多くの企業が、コンタクトセンターをアウトソーサーに業務委託しています。アウトソーサーは、自社の名前ではなくて、業務を委託しているクライアントの名前で、お客様との対応を行います。そのため、アウトソーサーの名前は、お客様には知られないことがほとんどです。

1 クライアントの名前で対応

アウトソーサーは、クライアントに代わって、取り決めた仕組みや手順に従い、クライアントのお客様への対応を行います。

2 お客様の満足＝クライアントの信頼

お客様の満足を得ることで、同時にクライアントの満足と信頼を得ることができます。

3 コンタクトセンターのいろいろなサービス

1 インバウンドとアウトバウンド

ⓐ インバウンド

イン＝受信という意味で、お客様からかかってくる電話に対応するサービスです。

ⓑ アウトバウンド

アウト＝発信という意味で、お客様に電話をかけることにより、情報提供や、セールス、商品・サービスの購入者へのアフターフォローなどを行うサービスです。

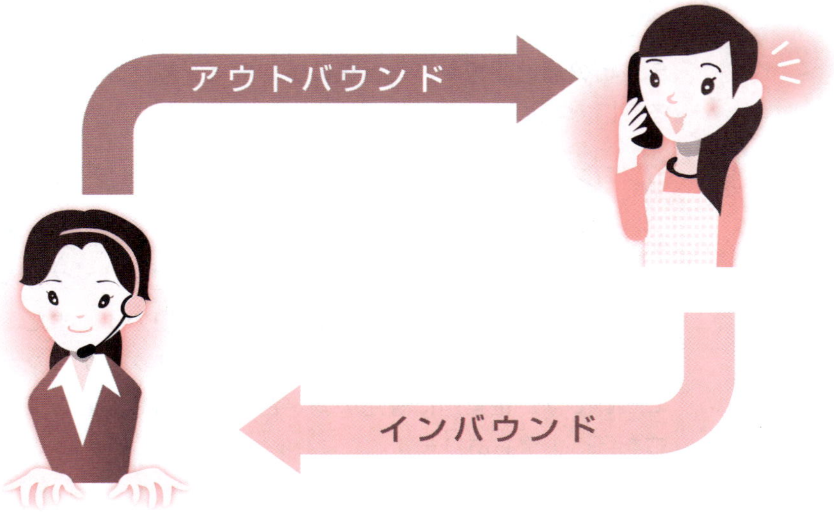

2 B to B　と　B to C

ⓐ B to B (ビー・トゥー・ビー)

Business to Business (ビジネス・トゥー・ビジネス) の略語で、企業対企業の取り引きに関する業務を担当するコンタクトセンターをさします。

ⓑ B to C（ビー・トゥー・シー）

Business to Consumer（ビジネス・トゥー・コンシューマー）の略語で、一般消費者向けの業務を担当するコンタクトセンターをさします。

どちらも、コンタクトセンターの業務は、企業において重要な役割を担っています。

3 コンタクトセンター窓口のいろいろ

コンタクトセンターは、あらゆる企業の業務において必須の機能であり、窓口となっています。コンタクトセンターの担う窓口業務の中から、代表的なものを例としてあげます。

ⓐ 商品やサービスの問い合わせ窓口

購入したい商品についての質問や、購入した商品の修理・交換・返品などの問い合わせに対応する窓口です。

ⓑ 商品やサービスの注文窓口

テレビの通信販売や、飛行機の予約などを電話で対応している窓口です。

ⓒ パソコン・ITシステムやアプリケーションのヘルプデスク

パソコンで使用するアプリケーション（ソフトウェア）のインストール方法についての質問や、ネットバンキングの操作方法についての質問などへの対応を行う窓口です。また、企業の中で使用されている専用のパソコンやアプリケーションについては、企業内に専用の問い合わせ窓口を設置して、対応を行う企業もあります。

ⓓ インターネットプロバイダーのサポート

インターネットの契約についての質問や、インターネットへの接続方法などについての質問を受け付ける窓口です。

ⓔ 衛星放送通信のサポート

衛星放送のサービスの加入や契約に関する相談を受け付ける窓口です。

ⓕ 金融系サービス（銀行、保険、証券など）

銀行で販売している商品に関する質問や、保険の商品についての質問、株式の購入など、金融商品に関する相談への対応を行う窓口です。

ⓖ 督促やセールスなどの窓口

割賦販売など、毎月支払われる予定の料金が支払われなかった時に、購入者や利用者に連絡し、確認を行ったり、相談を受け付けたりする窓口です。また、新しい商品やサービスについての案内を行うこともあります。

ⓗ 消費者向け相談窓口

製品やサービスを購入したお客様から、その製品等に関するお問い合わせについての対応を行う窓口です。

1-2 職場としてのコンタクトセンター／ポジション

【1】コンタクトセンターの組織

学習ポイント

- コンタクトセンターの組織について知る
- コンタクトセンターの役割分担について知る

1 コンタクトセンターは一つのチーム

コンタクトセンターのイメージは、ヘッドセットをしたオペレーターと電話機というものであるかもしれません。
しかし、実際のコンタクトセンターではオペレーターを中心に、その対応を支援する様々な役割を担うスタッフで構成されるチームによってお客様対応が行われています。

1 コンタクトセンターは、お客様の満足と、クライアントの信頼の獲得を目指す、一つのチームです

2 オペレーターは、お客様を相手にひとりで業務を行うのではなく、お客様対応の成功を分かち合うチームの一員として業務を担当します

3 オペレーターの業務を行えるようになるまでに、トレーナー、スーパーバイザー、マネージャー、チームの仲間など、多くのスタッフがサポートしてくれます

2 コンタクトセンターの組織

コンタクトセンターの組織は、大きく２つに分かれます。管理部門とオペレーション部門です。

ワンポイント

コンタクトセンターの組織は、どのような部門があり、どのような役割があるかを理解しておきましょう。

■1 管理部門

サポート部門ともいいます。実際に電話を取るオペレーション部門をサポートしたり、クライアントとの調整を行ったり、コンタクトセンターの管理を担当します。

■2 オペレーション部門

オペレーターを中心に実際にお客様の対応を行う部門です。スーパーバイザーや、マネージャーがいます。

【コンタクトセンター組織図の例】

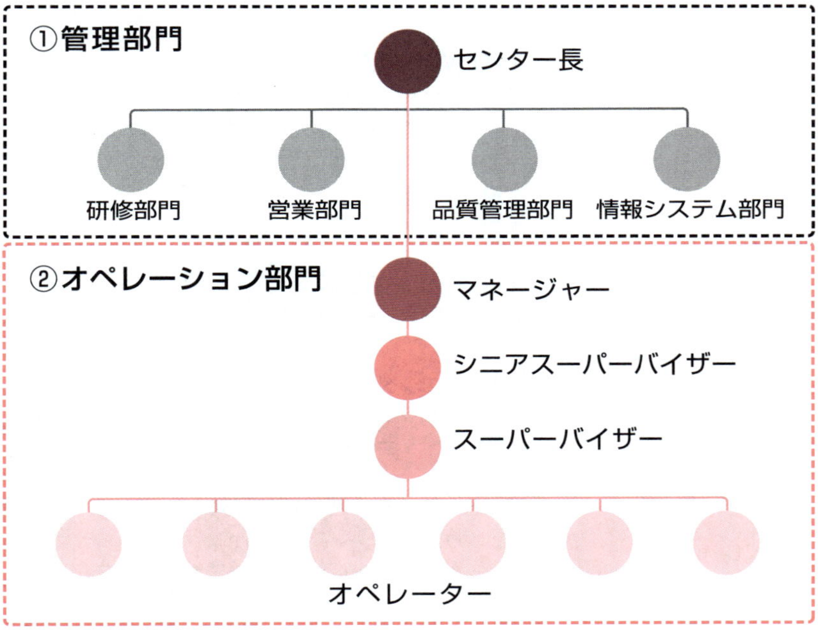

3 コンタクトセンターで働く人のポジション

コンタクトセンターは、チームとして、お客様の満足とクライアントの信頼を得るために活動しています。ポジションごとの業務は違っても、目的は同じです。特にお客様と直接対応するオペレーターを支援するために様々なポジションがあります。

ポジション名	役　割
センター長	コンタクトセンターの責任者です。
予測・シフト計画担当	業務量を予測し、適切なシフト計画を立て、業務の需要に対応します。
品質管理担当	コンタクトセンターの品質の確認と改善活動を担当します。
ＩＴ担当	コンタクトセンターのシステムの管理を担当します。
セキュリティ担当	コンタクトセンターのセキュリティ管理を担当します。
マネージャー	業務毎の現場の責任者として、オペレーターやスーパーバイザーを監督します。 ＊センター長が兼任している場合もあります。
トレーナー	研修やトレーニング・コーチングなどを担当します。
スーパーバイザー	オペレーターの管理者として、対応の支援や電話のエスカレーションに加えて管理業務を行います。 ＊大きなコンタクトセンターでは、スーパーバイザーを監督する上位のスーパーバイザー（シニア・スーパーバイザー）がいます。
オペレーター	電話やEメールなど、お客様対応を行います。 ＊コンタクトセンターによっては、ＣＳＲ（カスタマー・サービス・レップ）、コミュニケーター、エージェントなど、呼称がいろいろあります。

※センターによっては複数のポジションを兼任している場合もあります。

練習問題

問題 1

コンタクトセンターの仕事内容の例として、正しいものはどれですか。

ア．製品の操作方法についての問い合わせの電話対応を行う。
イ．工場で商品の組み立てを行う。
ウ．営業担当者のスケジュール管理や営業資料の作成を行う。
エ．量販店で製品の接客販売を行う。

問題 2

コンタクトセンターにおけるアウトバウンド業務の一般的な事例はどれですか。

ア．カスタマーサポート業務
イ．故障受付業務
ウ．資料受付業務
エ．新規購入者のフォロー業務

問題 3

コンタクトセンターには、２つのお客様がいるといわれています。この２つのお客様とは、コンタクトセンターに電話をかけてくるお客様が一つですが、もう一つのお客様はどれですか。

ア．企業の活動に興味を持っている報道機関
イ．クライアント組織
ウ．企業の情報通信システム部門
エ．電話をかけてくるお客様の友人や家族

《解答と解説》

問題1　解答　ア

解説　コンタクトセンターの仕事の内容についての理解を確認する問題です。非対面（電話など）による顧客対応がコンタクトセンターの役割です。「ア」以外の選択肢では、「イ」は工場での業務、「ウ」は営業支援業務、「エ」は顧客対応ですが対面での業務となります。

問題2　解答　エ

解説　アウトバウンドとは、お客様に電話をかけることにより、情報提供や、セールス、商品・サービスの購入者へのアフターフォローなどを行うサービスです。「ア」「イ」「ウ」は、一般的にインバウンド・コールでの受付業務の内容です。新規購入者に対して、アウトバウンドを行い、ご不満な点や不明な点がないかをアウトバウンド・コールによってフォローアップしますので、「エ」が正解です。

問題3　解答　イ

解説　コンタクトセンターにおける2つの“お客様”とは、コンタクトセンターに電話などでコンタクトを取られる“お客様”と、コンタクトセンター運営組織に自らのお客様の対応を委ねる“クライアント組織”をさします。コンタクトセンターは、経営陣や委託元の企業＝クライアント組織にお客様対応を委ねられ、クライアントの方針に基づいて対応を行います。「ア」の報道機関はコンタクトセンターにとっての利害関係者とはいえません。「ウ」の企業の情報通信システム部門はコンタクトセンターにとっては支援を受けている組織です。「エ」の電話をかけてくるお客様の友人や家族は、直接の利害関係者ではありませんが、お客様から企業イメージなどについて影響を受ける可能性は大いにあります。

Chapter 2

マナーと心構え

Entry

2-1 コンタクトセンターでのマナーとルール

【1】センター内でのマナーと コミュニケーション

学習ポイント

- 社会人としてのマナーを知る
- あいさつの基本を身につける

1 チームワークの大切さ

コンタクトセンターはたくさんの人が働く場所であり、センター全体、チーム全体で目標を達成する職場です。

また、コンタクトセンターは、連絡や仕事の引き継ぎ、エスカレーション等、他者とのコミュニケーションがうまくいかないと業務に支障をきたし、お客様に迷惑をかけることにつながります。チームワークをおろそかにしてはいけません。

社会人としてのマナー、センター内のルールを守り、協調しながら仕事を行い、自分勝手な行動や自分の考えのみで対応するようなことは慎みたいものです。良好な人間関係を保ち、円滑に業務を進めるためにはマナーの向上とルールを守る必要があります。

用語解説

「ルール」とは規則・規範のこと。「マナー」とは相手を思いやってする言動のことです。

2 身だしなみ

「おしゃれ」と「身だしなみ」は違います。

「おしゃれ」とは自分自身の楽しみのためにすることで、「身だしなみ」とは、職業人として接する相手に不快感を与えない、社会人とし

ワンポイント

「身だしなみ」は周りの人への思いやりです。「おしゃれ」は自分の楽しみです。

☞ワンポイント
「身だしなみ」の重要なポイントは清潔感があることと、機能的であることです。

て恥ずかしくない装いを整えることです。このことは他の職場もコンタクトセンターも同様です。
センター内に服装の規定があれば、その規定に従います。制服やスタッフジャンパーを貸与しているセンターであれば、きちんと着こなし、だらしない感じを人に与えないようにします。

【身だしなみのポイントとNG例】

身だしなみのポイント	N G 例
① 清潔感がある	袖口、襟元が汚れたワイシャツ、スーツのしわ、肩口のフケ、まとめていない長い髪、金髪、ひげの剃り残し
② 不快感を与えない	におい(汗臭さ、口臭、強い香りの香水等)、濃い化粧（メイク、ネイルアート）、露出度の高い服(キャミソール、ミニスカート)、派手な衣服（カラーシャツ、ラメ・スパンコール付）
③ 機能的である	大きなアクセサリー、長い爪、ロングブーツ、サンダル
④ 安全性がある	ピンヒール、ミュール、厚底靴
⑤ 企業のルールを守る	IDカード未着用、制服の勝手な着こなし

※職場・センターによって、ルールは異なります。

3 あいさつ

☞ワンポイント
「あいさつ」は人間関係の潤滑油です。

あいさつは仕事を行っていく上での基本です。お互いに気持ちの良いあいさつを交わすことによって、その場の雰囲気が和やかになります。
つまり、あいさつは人間関係の潤滑油といえます。
コミュニケーションの第一歩はあいさつから始まります。
あいさつができない人が、人とコミュニケーションを取って、仕事をすることはできません。
業務はあいさつで始まり、あいさつで終わります。
では、感じの良いあいさつの仕方を確認しましょう。

1 あいさつのポイント

ⓐ 視線を合わせる

ⓑ 笑顔で行う

ⓒ 声を明るくする

ⓓ お辞儀を忘れない

ⓔ 自分から先にする

2 ビジネスあいさつ用語

ⓐ いらっしゃいませ

ⓑ おはようございます

ⓒ いつもお世話になっております

ⓓ お待たせいたしました

ⓔ ありがとうございました

ⓕ よろしくお願いいたします

ⓖ 失礼いたします

3 社内でよく使うあいさつ用語

ⓐ おはようございます

ⓑ いってらっしゃい（ませ）

ⓒ お帰りなさい（ませ）

ⓓ いってまいります

ⓔ ただいま戻りました

ⓕ よろしくお願いいたします

ⓖ お疲れ様でした

ⓗ お先に失礼いたします

ワンポイント

「あいさつ」はLOOK・SMILE・TALKの順に行います。

【2】守るべきルール

学習ポイント

- 報告・連絡・相談のポイントを知る
- コンプライアンスの重要性を理解する

☞ワンポイント
時間厳守で仕事をする理由を理解しましょう。

① 時間厳守

コンタクトセンターは「シフト制」で業務を行うことが一般的です。
オペレーションを行う席数は決まっていて、業務量に応じて決まった人数のオペレーターを配置します。

もしあなたが遅刻すると

❶ その分の電話応対は他のオペレーターが補わねばならない

❷ お客様を待たせることになる

❸ お客様を待たせないために、会話が雑になり応対の品質を下げてしまう

など、周りの人やお客様に迷惑をかけてしまいます。
自身の時間を大切にするとともに、周りの人の時間も大切にしましょう。

② 指示・命令の受け方と報告・連絡・相談（報連相）

「仕事は指示·命令に始まり報告で終わる」といわれます。正確に指示・命令の内容を把握して、仕事をすることが大切です。また、与えられた業務は、もちろん自身の責任で行わなければなりませんが、業務の進み具合や問題発生などについては、常に組織として共有しておく必要があります。

❶ 指示・命令の受け方のポイント

ⓐ 名前を呼ばれたら明るく「はい」と返事をする

ⓑ メモの用意をし、指示・命令者のところへ行く

ⓒ メモを取りながら最後まで指示内容を聞く

ⓓ 要点を復唱する

ⓔ 不明点があれば質問をする

❷ 報告・連絡・相談時のポイント

ⓐ 長期の業務や、状況に変化があった場合は中間報告をする

ⓑ 事故報告やクレーム報告は直ちに行う

ⓒ 自身で対処できないことが起きた場合は速やかに相談する

ⓓ 相談した人には相談した内容の結果を報告する

❸ 報告・連絡・相談時の手順

ⓐ 業務が完了したら、指示・命令者に直接速やかに報告する

ⓑ まず結論を事実に基づいて報告し、次に理由や経過を報告する

ⓒ 内容が複雑なものや数値があるものは記録して報告する

指示・命令を受ける時、報連相を行う時に大事なことは、正確に聞き、明確に伝えるということです。
そのためには、常に次の5W3Hを意識して、5W3Hに漏れがないようにチェックをするようにしましょう。

☞ワンポイント
報・連・相は、タイミングと正確性がポイントです。5W3Hの情報をもって、スピーディーに行いましょう。

【5W3H】

5W	いつ (when)	月日・曜日・時間・午前・午後等
	どこで (where)	実施場所・受付場所・購入場所等
	誰が (who)	担当者・お客様・関連会社等
	どのような理由で (why)	目的・背景・原因等
	何を (what)	商品・システム・代金等

3H	どのようにして (how)	解決手段・交通手段等
	いくらで (how much)	価格・見積もり・コスト等
	いくつ (how many)	発注数・納品数・人数・備品数等

3 PDCAサイクル

☞ワンポイント
PDCAサイクルを循環させることにより、仕事の質が高まります。

効率的に仕事を進めることは重要です。業務改善、目標達成のための手法の一つにPDCAサイクルがあります。PDCAサイクルとは、Plan / Do / Check / Actionの頭文字を揃えたものです。計画(Plan) → 実行（Do）→検証（Check）→ 改善（Action）の流れを次の計画に活かしていくプロセスです。

【PDCAのサイクル】

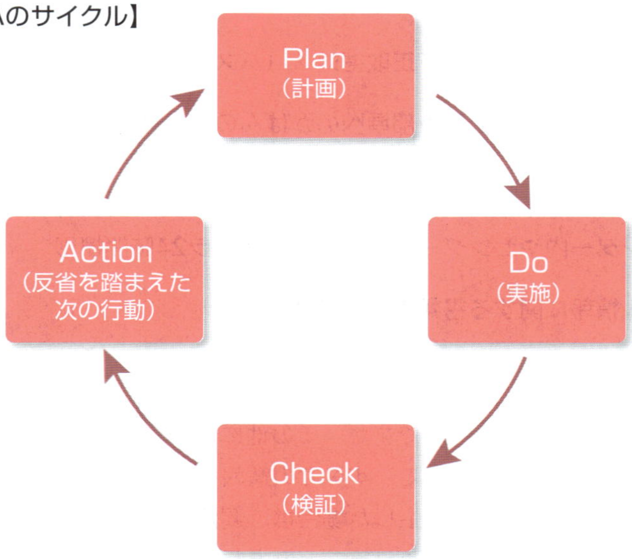

4 コンプライアンス

コンタクトセンターにおけるサービスの提供においては、様々なリスクに備えることと、コンプライアンスを遵守することが必要です。

リスクとは、将来起こるかもしれない望ましくない出来事のことです。

コンプライアンスとは、「法令遵守」と訳されます。法律や規則などのルールに従って業務を行うことです。

企業が直面する法令には、様々なものがありますが、コンタクトセンターのオペレーターが最も気をつけなければならないものは、主として個人情報保護です。

「個人情報保護法」はお客様の権利保護を目的として制定され、施行されました。個人情報保護法は「お客様の個人情報はお客様のものであり、企業はお預かりしている」という考え方のもとに制定されており、お客様から預かった情報を大切に取り扱うことが求められています。

☞ワンポイント
「個人情報保護法」は平成17年4月1日に施行され、ほとんどの企業がその適用対象になります。

コンタクトセンターは大量のお客様の個人情報を取り扱います。個人情報の収集にあたっては、企業は個人情報の利用目的をお客様に明示しなければなりません。また、個人情報の取り扱いにあたっては、次のように厳重な個人情報保護対策が行われています。

1 ＩＤカードや生体認証を用いた入退室管理

2 オペレーターディスプレイへのプライバシーフィルム

3 データベース情報の不正取得対策（パスワード・ＩＤ管理）

4 オペレーションを行う部屋へのかばんの持ち込み禁止

5 離席管理

6 センター内やセンター出入口の防犯カメラ24時間撮影

7 個人情報に関する書類の廃棄管理

☞ワンポイント
パスワードは同じものを使用するのではなく、それぞれ異なったパスワードを設定します。また、パスワードは他人が推測しやすいものを避け、メモに残さないようにしましょう。

ルールを守ることは当然ですが、その他に、センター外ではお客様について、個人情報も含めて、すべての情報を口外してはいけません。万一、個人情報漏洩が発生した場合は、漏洩の経緯によっては、オペレーター自身の責任が問われることもありますので、情報の取り扱いには十分に注意が必要です。

Eメールでのお客様対応

お客様窓口で一般的に一番広く活用されているのは、やはり電話です。しかし最近では、Eメールでの対応も実施しているコンタクトセンターが多くなっています。
またインターネットを活用したショッピングなどのサービスを提供している企業では、製品やサービスの受注、お問い合わせに関してEメールでのやり取りが主になっているところもあります。
Eメールでの対応は、そのままお客様のメールアプリケーションにやり取りの記録が残りますので、誤った対応や、誤送信などを防ぐことがとても大切になります。
コンタクトセンターに限らず、誤送信や個人情報の漏洩など、Eメールをきっかけとする事案が発生して、新聞などの記事になることも度々あります。
多くのコンタクトセンターでは、そうした誤りを防ぐシステムを導入したり、業務上の手順を定めたりして、できる限りそうした誤りが起きないように気をつけています。

● Eメールでのミスやトラブルを防ぐポイント

① メールアドレスの入力

一般的なメールアプリケーションには、メールアドレスの入力補助機能（オートコンプリート）が作動するようになっているものがあります。メールアドレスの一部を入力することで、関連すると思われるメールアドレスが自動的に出てきます。似ているメールアドレスがあると、間違った送信先に送ってしまうことがありますので、この機能を使わないようにするなど、センターの方針に従いましょう。またメールアドレスの入力にはハイフン

（-）やアンダーバー（＿）など間違いやすいものがありますので注意しましょう。着信したメールアドレスに返信する形であれば、間違いは少ないでしょう。

② 添付ファイル

お客様に問い合わせに関連する文書を送信する場合に、ファイルをＥメールに添付することがあります。ファイルの内容が正しいのはもちろんですが、誤ったファイルを添付してしまうことに注意が必要です。違うお客様に関するファイルを添付してしまうと、そのお客様にもご迷惑をおかけすることになりかねません。ファイルを添付したら、その後にそのＥメールからファイルを開いてみるなど確認が大切です。

● 不審なＥメールを受信したら

コンタクトセンターでは、スーパーバイザーなどの管理者がコンタクトセンターに受信したＥメールを、オペレーターの知識・スキルや経験などにより、適宜割り振ることが多くなっています。
また返信するＥメールの内容についても、送信前にスーパーバイザーが内容を確認してから送信することになっているセンターもあります。
しかし、そうした社内の業務プロセス上の工夫や、システムのサポートを得ても、不審なＥメール（ジャンクメール）を受信することがあります。そのような時には、すぐにスーパーバイザーに報告しましょう。

－2－

2-2 仕事をする上での心構えと準備

【1】仕事をする上での心構え

学習ポイント

- 研修での心構えを知る
- オペレーターに求められる知識・スキルを知る

1 研修を受ける時の心構え

☞用語解説
マインド…姿勢、意識
ワーク…練習、演習
のことです。

コンタクトセンターでは、取り扱う製品・サービスの知識や応対スキル・マインドを高めるために、様々な研修を受けることになります。せっかくの研修も心を開いて、積極的に受けなければ知識もスキルも定着しません。
研修には次のような心構えで臨むようにしましょう。

❶「おそわり上手」になる

ⓐ かたくなな態度を取らず、素直に受け止める

ⓑ ノルマを消化していると思わず、積極的に全力をつくして受ける

ⓒ リアクションをしっかり取る

☞ワンポイント
研修や学びは、自分の成長のためであることを理解しましょう。

❷「今さらこんなことを聞いて～」と思わず、知らないことはその都度、質問して解決する

❸ 自分が足りない部分が何かを気づくようにする

❹ 何を目的とした研修か、何をゴール（結果）とする研修かをよく理解した上で、研修を受ける

2 オペレーターに求められる知識・スキル

オペレーターに求められる代表的な知識・スキル・マインドは以下のものがあります。知識やスキルは一度身につけたら、ずっとそのまま使えるものではありませんので、常にブラッシュアップすることを心がけましょう。

1 製品や商品サービスについての知識

2 製品や商品サービスの仕様の変更に関する知識・説明スキル

3 お客様対応を行うためのコミュニケーションスキル

4 継続的に学ぶ姿勢

5 キーボードタイピングとパソコンを利用するスキル

6 コンタクトセンターの運営に関する知識

【2】コーチングを受ける時の心構え

学習ポイント

- モニタリングとは何かを知る
- コーチングとは何かを知る

1 モニタリングとは

コンタクトセンターにおけるモニタリングは、一般的には、コンタクトセンターの管理者や教育担当者、品質管理担当者などが、オペレーターとお客様との通話を聞きその内容を評価することです。
モニタリングの結果は、コンタクトセンター全体の品質管理や、オペレーターのコーチングに活用されます。

☞ワンポイント
モニタリングはコンタクトセンターのお客様満足が向上するPDCAサイクルです。

1 モニタリングの大切さ

モニタリングはお客様との応対の問題点＝ミスを「見える化」します。また、モニタリングは業務プロセスの改善点のヒントを得ることもできます。

2 モニタリングの目的

個人の欠点をチェックするためのものではなく、より効果的なトレーニングの実施や、業務プロセスの改善につなげるために行います。

3 モニタリングでチェックする項目の例

ⓐ 回答の正確性の確認
ミスなく正しい応対ができているかどうか

ⓑ 業務プロセスに改善点はないか
お客様へのサービス向上、オペレーター業務の効率性向上のチャンスはないか

ⓒ オペレーター個人のスキルレベル
個人のスキルや知識は十分か

2 コーチングとは

コーチングは、一対一の状況で良い点や改善すべき点を具体的にフィードバックすることです。コーチングは、オペレーターの成長や能力向上の機会となります。

【コーチングの定義】

1 コーチングを通じて、オペレーター自ら目標設定ができるようになること

2 一対一で良好なコミュニケーションの中で、事実に基づき、優れた点と改善すべき点の双方についてオペレーター自らが、気づくようになること

【コーチングの効果】

1. オペレーターの次の目標や改善すべき点が明確になり、スキル向上につながる
2. オペレーターのモチベーション向上につながる
3. コーチとのコミュニケーションを促進し良好な関係を築くことができる

3 コーチングを受ける時の心構え

モニタリング結果によるコーチングを受ける時には、次のような心構えを持ちましょう。

1. 新しい考え方や手法を受け入れようとする
（フィードバックを受け入れる）
2. 自分の成長のために受けていることを忘れない
3. 期待した成果が得られない場合は、自分の考えをストレートに伝える
4. 目標と現状のギャップを明確にする
5. 環境や人のせいにしない
6. 恥ずかしい、監視されていると感じない

☞ワンポイント
コーチングは、成長のためのコミュニケーションの場としてとらえ、前向きに臨みましょう。

【3】業務の達成

学習ポイント
- お客様対応を成功させるためのポイントを理解する
- サービスを提供する上での注意点を知る

1 お客様対応を成功させるために

コンタクトセンターの役割の一つにお客様との関係構築があります。お客様との信頼関係を構築するためには、以下の３つのポイントが大切です。

❶ お客様の事前期待や要求内容を正確に理解すること

❷ お客様が抱えている問題を迅速に解決すること

❸ お客様との約束を守ること

2 高い品質を追及する

☞ワンポイント
お客様との信頼関係構築のための3つのポイントをふまえ、4つの行動を実践しましょう。

お客様に高いサービス品質を提供するには、正しい情報を正しい手順で伝達することが大切です。
そのためには、次の点に注意しましょう。

❶ 正しい情報の提供

不確定な情報や誤った情報を提供しない。常に正しい情報を提供する。

❷ 一貫したサービス提供

お客様のお問い合わせに対する回答が、すべてのオペレーターが同じ基準であるようにする。

❸ 事前期待を超える

お客様の期待以上のサービスを提供することで、お客様により高い満足を感じてもらう。

❹ 手順を守る

あらかじめ決められた対応手順を守ることで、多くのお客様に効率的なサービスを提供する。

2-3 モチベーションの維持・ストレス管理

【1】モチベーションの維持

学習ポイント

- モチベーションとは何かを知る
- モチベーションの維持・向上の方法等について知る

1 モチベーションとは

仕事への動機付け（やる気）をモチベーションといいます。お客様やクライアントに、ほめられたり、感謝の言葉をいただくと「次も頑張ろう」という気持ちになります。
また、職場での人間関係もモチベーションに大きく影響を与えます。チーム全員が気持ちよく働けるよう、ルールを守り、互いを思いやる気配りが求められます。

☞ワンポイント

「モチベーション」の意味は“動機付け”、“やる気”のことです。

2 内発的動機付けと外発的動機付け

動機付けには、内発的動機付けと外発的動機付けがあります。外発的動機付けは、一時的に動機付けをする効果はありますが、長い期間継続することができません。
そのため、内発的動機付けを自身で行うことが重要です。

☞ワンポイント

動機付けには、「内発的動機付け」と「外発的動機付け」があり、内発的動機付けのほうが、長い期間効果が継続します。

1 外発的動機付け

自分以外の他者や環境などからもたらされる動機付けのことです。

ⓐ 賞罰

ⓑ 昇給、インセンティブ

ⓒ 社内イベント（クリスマス会、忘年会、インフォーマルな飲み会など）

❷ 内発的動機付け

好奇心や関心によってもたらされる動機付けのことであり、自分の仕事に「喜び」や「楽しみ」を持ち、仕事への動機付けを高めることをいいます。内発的動機付けは本人の欲求から満足感を得ることが目的となるため、質の高い行動が長く続くことになります。

ⓐ 有能性
「自分はできる」「頑張ればうまくいく」と感じること

ⓑ 自律性
「自分で決めている」「思い通りにやっている」と感じること

ⓒ 関係性
「自分が理解されている」「関心を持たれている」と感じること

☞ワンポイント
仕事への取り組みは、周りの人や環境ばかりに頼ることなく、自分自身の心の持ち方によって、仕事のやりがいは変わってきます。

仕事における明確な目標を持ち、目標達成に前向きに取り組むことや自身の将来像（Vision）を持つことが大切です。そして、勉強会に積極的に出席する、自己啓発を行うなど学習可能な環境を整えることも大切です。
モチベーションを高く保つために、日頃から上長と、目標設定や働きやすい環境作りについて、良好なコミュニケーションを取りましょう。

☞ワンポイント
モニタリングシステムも、仕事の目標を持つ良い機会です。

【2】ストレス管理

学習ポイント

- ストレスとは何かを知る
- ストレスの原因や管理の方法について知る

1 ストレスとは

ストレスとは、外部からの刺激を受け、身体に起こる反応とその原因となる刺激（ストレッサー）のことをいいます。コンタクトセンターはストレスの多い職場であるため、ストレスの緩和を行うことが重要です。

2 ストレスの原因となるもの

1 コンタクトセンターで発生するストレスの原因

ⓐ 過剰労働

ⓑ 時間の不足

ⓒ 業務上のプレッシャー

ⓓ 知識・トレーニング不足

ⓔ 休養不足

ⓕ 私生活の問題

ⓖ 管理職とオペレーター間の問題

ストレスを溜めないためには、気分転換や職場内のコミュニケーションを通じて、ストレスをうまくコントロールすることが大切です。

2 ストレス軽減の方法

ⓐ 良いストレスを理解する
適度なストレスは、集中力や仕事への意欲などを生み、生産性を上げる効果がある

ⓑ ストレスの兆候を知る

ⓒ 適切な休養、運動をする

ⓓ 自分の時間を作る

ⓔ 仕事以外の活動に参加する

ⓕ 話を聞いてくれる、気の合う同僚や仲間を作る

☞ワンポイント

ストレスを解消することも、社会人として求められる能力であることを認識しましょう。

☞ワンポイント

難しいお客様対応をした後などは、気持ちが高ぶったり、のどが渇くなど、ストレスの兆候が表れることがあります。ストレスの兆候を感じたら、SVや上司に相談し、休憩をとるなどして、ストレスを軽減しましょう。

練 習 問 題

問題 1

個人情報保護法が対象とする個人情報にあたるものはどれですか。

ア. 氏名、生年月日、住所が記載された顧客リスト
イ. 企業の名称、住所、電話番号など特定の企業が識別できる情報
ウ. 記名式アンケートから回答結果だけを抽出して作成した報告書
エ. 顧客の性別、年齢別の分布が表示された報告書

問題 2

コンタクトセンターにおける個人情報の漏洩防止のためにオペレーターが取るべき行動として、正しいものはどれですか。

ア. 食事休憩で離席する時、机の上に個人情報が見える形で席を立った。
イ. 業務終了後、個人情報が載っている書類は、所定のキャビネットに保管し施錠した。
ウ. 著名人のものと思われるカードの利用内容を業務上偶然発見し、家族に著名人の利用金額について話した。
エ. メモを取る紙がなかったので、しかたなく自分の手帳にお客様の名前・住所・電話番号をメモした。

問題 3

時間管理を考慮したオペレーターの行動として、最も適切なものはどれですか。

ア. 朝起きたら熱があったため、病院で診断を受けてから会社に連絡をした。
イ. 休憩時間中に上司から仕事の話をされたため、自己判断で休憩を5分延長した。
ウ. 電車遅延で出勤が遅れそうだったため、すぐに会社へ連絡をした。
エ. 時間管理の基本は、始業時刻ちょうどに会社に到着し、終業時刻ちょうどに退社することだ。

問題 4

コンタクトセンターの勤務を説明している文章として、正しいものはどれですか。

ア．コンタクトセンターは時間管理ができない職場であるため、会議時間に遅れても問題はない。
イ．コンタクトセンターはシフト勤務があるため、勤務時間に遅れないように注意する必要がある。
ウ．コンタクトセンターは自分以外にもチームメンバーがいるので、他のメンバーを気にせず休暇が取りやすい職場である。
エ．コンタクトセンターはチームで活動しているため、自分で好きな勤務時間を決めることができる。

問題５

コンタクトセンターでは個人情報を取り扱っています。オペレーターの行動について正しいものはどれですか。

ア．ＩＤカードは携帯していれば良いので、ポケットの中に入れていても良い。
イ．帰宅後にＩＤカードを紛失したことに気がついたが、次の出社時に報告した。
ウ．電話応対時に記載した顧客情報のメモでもごみ箱に捨てず、必ずシュレッダーにかける。
エ．トイレに行く時間くらいならＰＣ画面に顧客情報を表示したままでも良い。

問題６

お客様へのご案内に関するマニュアルが更新されました。上司から指示を受ける時に気をつけるべきことで、正しいものはどれですか。

ア．説明の途中だが、更新ポイントは把握できたので、時間の無駄を省くため、「最後まで説明してもらう必要はない」と上司に伝えた。
イ．内容は十分理解できたが、念のため要点を復唱し確認した。
ウ．不明点があったが、上司も忙しい中、時間を割いていると思い、何か問題が起きた時に改めて確認することにした。
エ．マニュアルを汚してしまうことを避けるために、あえてメモは取らず、説明を注意深く聞いた。

問題７

あなたは新たにコンタクトセンターのオペレーターとして採用され、これから研修を受けることになりました。あなたが取るべき行動、心構えとして正しいものはどれですか。

ア. 会社が開催する研修会に必要と判断したものを選択して受講する。
イ. 研修の進行を妨げないように、質問はできる限り自分で解決するように努める。
ウ. 必要なスキル、知識の習得に向けて継続的かつ自主的な姿勢で学習を行う。
エ. 座学より実践が大切なのでロールプレイングに集中する。

問題8

コンタクトセンターで研修を受講した後に実施される検証やテストの目的について、正しいものはどれですか。

ア. 受講者が身につけた知識やスキルを確認し、研修の品質も確認するため。
イ. 顧客から、応対の品質について指摘された場合、会社としての姿勢や体制を示すため。
ウ. 担当した講師が、雇用主に対して自分の能力を証明するため。
エ. 研修テキストの執筆者に依頼されることが多いため。

問題9

ストレスへの気づきとして正しいものはどれですか。

ア. ストレス反応として症状が出るのは身体症状だけである。
イ. ストレスに気づくためには「いつもの自分を知っている」ことが必要である。
ウ. ストレスに気づくためには自分だけでじっくりと考える必要がある。
エ. ストレスはプライバシーに関する情報も含むので、他人や外部機関には相談しない方が良い。

問題10

内発的動機付けと外発的動機付けの説明として、適切なものはどれですか。

ア. 外発的動機付けは一時的にモチベーションを上げる効果があるが、長続きしない。
イ. 内発的動機付けは一時的にモチベーションを上げる効果があるが、長続きしない。
ウ. 内発的動機付けは仕事以外のものを用いて仕事への動機付けを高める。
エ. 外発的動機付けは好奇心や関心によってもたらされる動機付けのことである。

《解答と解説》

問題1　　解答　ア

解説　個人情報保護法で、個人情報とされるのは、個人として特定しうるすべての情報が対象となります。「イ」「ウ」「エ」は、会社や一定の統計的グループの動向はわかりますが、個人として特定しうる情報は入っていません。「ア」は、個人を特定できる情報ですので対象となります。

問題2　　解答　イ

解説　コンタクトセンターでは、個人情報にアクセスできるのは業務プロセス上必要な時のみであり、資料等やメモに個人情報が記載されている場合も細心の注意を払って、情報を漏洩したりすることがないように取り扱います。席を離れる際には、個人情報を開示したままにならないようにし、メモの取り扱いも注意が必要です。会社指定のメモ用紙のみを利用し、毎日の終業時に回収・廃棄するコンタクトセンターもあります。

問題3　　解答　ウ

解説　コンタクトセンターでは、お客様のコンタクトセンターに対する需要を予測して、適正なシフトを組み、できるだけ早く、お客様からの電話に対応できるようにしています。やむを得ない事由で遅刻・欠勤となる場合も、シフト調整に影響が出る可能性がありますの、必ず連絡を入れましょう。また休憩時間についても自分だけで判断せず、必ず上長に相談しましょう。コンタクトセンターによっては、就業時間の前後に朝礼や夕礼があることが多いので、時間ちょうどではお客様対応に必要な情報を収集できない可能性があります。

問題4　　解答　イ

解説　他の仕事も同様ですが、決められたシフトや勤務時間は遵守するように努めます。会議等、社内の用事の場合にも時間を厳守するのは社会人として当然のことです。「ウ」「エ」は、お客様の需要に応じたシフト構成について理解していない行動であり、誤りです。

問題５　　解答　ウ

解説　コンタクトセンターでは、大切なお客様の情報をお預かりしていますので、その取り扱いには注意が必要です。一般的に職場への入退出には、磁気式ＩＤカードで認証をしたり、パスワードを入力したりする形式が取られています。ＩＤカードの取り扱いは特に注意をします。ＩＤカードや社員証は、紛失しかねない取り扱いをしないようにし、紛失した場合は、所属するコンタクトセンターの決まりに基づき、直ちに報告をするようにします。また業務中は、不用意に画面にお客様の情報が表示されたままにならないように、短時間の離席でも画面をロックするように努めます。メモの取り扱いに関しては、必ず用紙を決まった方法で処分するようにしているコンタクトセンターが多くあります。

問題６　　解答　イ

解説　お客様へのご案内すべき情報が改訂され、更新されることはコンタクトセンターでは、珍しいことではありません。お客様に間違って古い情報をご案内しないように、しっかりと更新内容を理解するようにしなければなりません。変更点のチェックなどをメモすることは重要です。「イ」のように適宜要点を確認し、自然に口から出るように復唱することが大切です。

問題７　　解答　ウ

解説　コンタクトセンターには、基本的な業務研修、取り扱う商品やサービスに関する研修など、様々な研修プログラムが用意されています。研修は座学、ロールプレイング、ＯＪＴなど様々な手法を組み合わせて最も効果的になるように設計されており、研修内容はオペレーターとして業務を行う上でしっかりと習得することが必要です。研修は、積極的な姿勢で受講し、必要があれば質問もしましょう。

問題８　　解答　ア

解説　コンタクトセンターの研修の目的は、会社がオペレーターとして必要と考えているすべての知識とスキルを身につけ、品質の高い顧客サービスが提供できるようにすることです。そのため、研修終了後には、その効果を検証するテストやロールプレイング、モニタリングなどが実施されます。「ア」以外の選択肢は、すべて研修受講者であるオペレーターではなく他の利害関係者のために検証が行われるように書かれており、誤りです。

問題９　解答　イ

解説　ストレスは、あらゆる業務で発生しうるものであり、またストレスを感じている当事者は、心身に影響が出ても、客観的にその状況を評価できないことがよくあります。ストレスをしっかりコントロールできている状態がどのようなものであるかをしっかり知った上で、同僚や上司、必要がある場合には専門家の客観的な評価をもとにストレスに対処をすることが重要です。「ア」「ウ」「エ」はストレスとその対処について、誤っています。自分の状況をしっかり知ることを記述した「イ」が正解です。

問題１０　解答　ア

解説　内発的動機付けと外発的動機付けに関する問題です。好奇心や関心によってもたらされる動機付けは内発的動機付けです。内発的動機付けは、仕事につながる部分での好奇心や関心がその土台となっています。また内発的動機付けは、外発的動機付けに比べて長続きするといわれています。外発的動機付けは、一時的な効果に終わることが多く、問題の正解としては「ア」となります。

Chapter 3

お客様対応に必要なスキル

Entry

3-1 電話応対の基礎

【1】話し方の基礎

学習ポイント

- 話し言葉と電話の特性を知り、応対に活かすことを理解する
- 発声、発音、語調という話し言葉ならではの基本事項を理解する

1 話し言葉の特性

オペレーターは、声や声の表情、話し言葉の知識を持ち、実践する必要があります。声や話し言葉のプロ、という意味では、アナウンサーやキャスターに近い職業であるともいえるでしょう。
話し言葉のポイントは次の通りです。

☞ワンポイント
電話は一瞬でわかる話し言葉で。Eメールは一生残る書き言葉で表現しましょう。

【話し言葉のポイント】

1 話し言葉は聴覚に訴える言葉なので、感覚的、情緒的な表現のウエイトが高くなります。発音や発声、イントネーションなどの音声表現スキルが重要です。

2 話し言葉は取り消しがききません。一度言った言葉を訂正、撤回することはできますが、発した言葉そのものをもとに戻すことはできません。

3 話し言葉はものごとの変化を順番に伝えるのに適します（アナウンサーの実況中継がその典型である）。

4 話し言葉は「考えてから（考えながら）伝える」ことが必要であり、耳で聞いてわかる言葉の選択と順序立てたわかりやすい説明が要求されます。

5 電話の場合、互いの姿が見えないため声の表情、言葉遣いや物の言い方が応対の印象を決めます。

2 声の表情

電話応対での声の印象の良さは、お客様に感じの良い、親切な応対だと思ってもらえることの大きな要素となります。声の表情が信用・信頼を勝ち得ることも多いのです。

☞ワンポイント
電話の第一印象は、声の表情で決定されます。

声一つで、気分、感情や仕事に対する姿勢、知性、健康状態までが相手に伝わります。声はあなたにとって大きな武器となります。

自分の伝えたいことがお客様に、正確に、期待通り以上に伝わるような声を持てるように、日頃から自覚し、訓練しておく必要があります。

【良い声の条件とは】

1 通る声が出せること（はっきりと聞こえること）

2 大きな声、小さな声、高い声、低い声が出せること

3 濁ったり、かすれたり、割れたりしないこと

4 長時間、声を出しても異常をきたさず、体調が悪い時でも、用件を十分に伝えられること

☞用語解説
プロミネンスとは、強く発音して、強調することです。

また、「伝わる声」を作る要素に「発声」「発音」「語調」があり、「語調」を決めるものに、「イントネーション」「アクセント」「プロミネンス」「ポーズ」などがあります。

3 発声を鍛える

☞ワンポイント
腹式呼吸で「通る声」を目指しましょう。また腹式呼吸ができると、のどを痛めることが少なくなります。

発声とは文字通り「声を出すこと」です。私たちは、肺から送り出される呼気の圧力によって声帯を震わせて声を出しています。よって、発声は呼吸方法と密接に関連します。

呼吸の仕方には、「腹式呼吸」「胸式呼吸」があります。声を出すということには腹式呼吸が向いています。

腹式呼吸は、下記のような練習を継続しているうちに普段でも無意識にできるようになります。

【腹式呼吸の方法】

① 椅子に浅く腰かける	深く腰かけて背もたれにもたれず、浅く腰かけてまっすぐな姿勢が保てるように座る。
② 背筋を伸ばし、あごを軽く引く	背筋を曲げたり、下を向きすぎたりしない。
③ 肩・腕の力を抜き、体を楽にする	余分な力が入っていないかを確かめる。
④ 鼻から静かに息を吸う	このとき肩が上がらないように意識する。 まずは息をフーと吐ききる。 空っぽになったら鼻からゆっくりお腹に息を入れるつもりで、吸い込む。手を軽くお腹においていけば、息を吸い込んだときに、お腹がふくれるのがわかる。 いっぱいになったらいったん息を止め、フー（スー）と言いながらゆっくり息を吐き出す。 ※胸式呼吸を行うと呼吸にともなうお腹の凹凸が逆になる。 （息を吸い込んだ時、お腹がふくらみ、息を吐いた時、お腹が引っ込む）

息を出しきる　息をお腹に入れる

4 明瞭な発音

日本語の音節は、一般には、五十音と濁音（ガギグゲゴ等の濁る音）と半濁音（パピプペポ等の破裂音）と拗音（ようおん）（キャキュキョ等）、撥音（はつおん）（ン）と長音（ちょうおん）（伸ばす音）でできています。
音節の中の「ア・イ・ウ・エ・オ」を母音といい、その他の音を子音といいます。
日本語の音節は「ン」以外は常に母音で終わります。母音はすべての音節に入るので、発音を美しくするには、母音のトレーニングが必要となります。

「口の体操練習表」を活用し、まずは一語一語ゆっくりと、次第にスピードアップを心がけて練習をします。

【口の体操練習表】

ア	エ	イ	ウ	エ	オ	ア	オ
カ	ケ	キ	ク	ケ	コ	カ	コ
サ	セ	シ	ス	セ	ソ	サ	ソ
タ	テ	チ	ツ	テ	ト	タ	ト
ナ	ネ	ニ	ヌ	ネ	ノ	ナ	ノ
ハ	ヘ	ヒ	フ	ヘ	ホ	ハ	ホ
マ	メ	ミ	ム	メ	モ	マ	モ
ヤ	エ	イ	ユ	エ	ヨ	ヤ	ヨ
ラ	レ	リ	ル	レ	ロ	ラ	ロ
ワ	エ	イ	ウ	エ	ヲ	ワ	ヲ

ガ	ゲ	ギ	グ	ゲ	ゴ	ガ	ゴ
ザ	ゼ	ジ	ズ	ゼ	ゾ	ザ	ゾ
ダ	デ	ヂ	ヅ	デ	ド	ダ	ド
バ	ベ	ビ	ブ	ベ	ボ	バ	ボ
パ	ペ	ピ	プ	ペ	ポ	パ	ポ
キャ	キュ	キョ	キャ	キョ			
シャ	シュ	ショ	シャ	ショ			
チャ	チュ	チョ	チャ	チョ			
ニャ	ニュ	ニョ	ニャ	ニョ			
ヒャ	ヒュ	ヒョ	ヒャ	ヒョ			
ミャ	ミュ	ミョ	ミャ	ミョ			

【口の開け方】

1. 「ア」の音は、一番大きな口を開けて出す。上下の唇の間に指２本が縦に入るぐらいが「ア」の最大の開きである。舌は緊張させずに、自然に下の方に下げておく。
2. 「エ」は、「ア」の開き方から比べて、半分くらい閉じる。唇はやや左右に引く感じである。舌は少し持ち上げる。
3. 「イ」は、「エ」より狭くなり、鏡で見ると歯だけ見える感じである。舌は上歯茎に近いところまで上がる。
4. 「ウ」は、「イ」の開き方よりももっと狭くなる。唇は中央に戻す感じである。舌は奥の方に引っ込む感じになる。
5. 「オ」は、唇を丸くする。舌は「ウ」の時より奥へ引っ込む感じである。

【唇の形】

ア	イ	ウ	エ	オ

5 イントネーション・アクセント・ポーズ

1 イントネーション

音の高さの上下をイントネーション（抑揚（よくよう））といいます。
イントネーションのつけ方により、言葉の省略、言外の意味の伝達を行い、自分の意思や感情を効果的に相手に伝えることができます。

2 アクセント

アクセントとは、一つ一つの語の中について、社会慣習的に決まっている高低や強弱の配置のことです。日本語のアクセントは高低が中心となります。
イントネーションが言葉を使っている人の状況によって変わるものであるのに対して、アクセントは地方や地域、組織等によって異なります。同音異義語においても、アクセントのつけ方で聞き分けられる語があります。

3 ポーズ

会話で音声のないところがポーズ（間）です。間を空けることをいいます。言葉はなくとも伝えるべき内容がある部分がポーズです。「考えてください」「私の言うことをよく聞いてください」などの言外の意味を伝える役割を果たします。ポーズは会話では重要な役割を果たします。場合によっては、「了承できないという困惑」を間で伝えることもできます。

☞用語解説

「イントネーション」とは、抑揚（よくよう）のことです。

☞用語解説

「アクセント」とは、高低や強弱のことです。

☞用語解説

「ポーズ」とは、話と話の“間”のことです。

☞ワンポイント

3つのスキルを活かして、表情豊かに話しましょう。

【2】 言葉遣いの基礎

学習ポイント

- 接遇用語、敬語を理解する
- お客様を不愉快にさせる誤った言葉を知る

1 接遇用語

接遇用語（応対用語）とは、お客様や仕事上の関係者に対して使う丁寧な言葉遣いのことです。
長年のビジネス慣習により形づくられたものであり、きちんとした接遇用語を使えることは応対を仕事とする人にとって大切なことです。
接遇用語の使用に関しては次のような点に気をつけましょう。

1 接遇用語の使用頻度またはその丁寧さの程度は、業種、職種内容、お客様との関係性、親密度によって異なる

2 TPO（Time　時 ／ Place　場所 ／ Occasion　場合）によって使い分けられるようにする

いろいろある接遇用語の中で、オペレーターが常に使う電話を中心とした接遇用語は次のようなものです。

1 基本的な接遇用語

ⓐ「ありがとうございます」

ⓑ「少々お待ちください（ませ）／お待たせいたしました」

ⓒ「かしこまりました」

ⓓ「申し訳ございません」

ⓔ「失礼いたします・失礼いたしました」

2 電話でよく使う接遇用語

ⓐ 名乗らない相手に対し、名前を尋ねる場合
「失礼ですが、お名前をお教えいただけますでしょうか」

ⓑ 相手の社名、名前を確認する場合
「○○会社の△△様でいらっしゃいますね」

ⓒ 相づちを打つ場合
「はい」／「ええ」／「さようでございますね」

ⓓ 名指し人を確認する場合
(外からの取次ぎ依頼を受け確認する場合)
「山田でございますね」
(名指し人を確認する際には敬称は必要ありません。同姓等の理由で役職を言わねばならない時は、「課長の山田でございますね」のように役職を先にします。)

ⓔ 相手を待たせた後、代わって応対する場合
「○○様、お待たせしました。△△でございます」

ⓕ 相手に何かを依頼する場合
「お手数ですが、～していただけますでしょうか」

ⓖ 相手の要望に添えない場合
「申し訳ございませんが、～いたしかねます」

ⓗ 聞き取れない場合
「恐れ入りますが、もう一度お願いできますでしょうか」
「お電話が少し遠いようですが」

ⓘ 用件を復唱・確認する場合
「～でございますね」

ⓙ 自分側の呼び方
「わたくし」／「わたくしども」／「当社」

ⓚ 相手側の呼び方
「○○様」／「お客様」／「○○会社様」／「御社」

☞ワンポイント

電話でよく使う接遇用語は、しっかり身につけましょう。

2 敬語の使い方

敬語は、聞き手や話題にのぼっている人物・事物に対する話し手の敬意を表す表現です。
コンタクトセンターの接客では、お客様と応対者という社会的な立場の違いは絶対であり、お客様には敬語で応対することが原則です。
敬語は５つに分類され、その形は次の通りです。

５種類		３種類（従来）
尊敬語	「いらっしゃる・おっしゃる」型	尊敬語
謙譲語Ⅰ	「伺う・申し上げる」型	謙譲語
謙譲語Ⅱ	「参る・申す」型	
丁寧語	「です・ます」型	丁寧語
美化語	「お酒・お料理」型	

☞ワンポイント

オペレーターの敬語の使い方で、企業のブランドイメージが大きく変わることを認識しましょう。

❶ 尊敬語

話し手が、敬意の対象となる人およびその人の動作、状態などを敬って言う言葉です。

ⓐ 動詞の尊敬語
「行く→いらっしゃる」のように特定の語形（特定形）による場合と、「お（ご）～になる」（例：読む→お読みになる、利用する→ご利用になる）のように広くいろいろな語に適用できる一般的な形（一般形）を使う場合とがあります。

【特定形】

行く、来る、いる	→	いらっしゃる
言う	→	おっしゃる
する	→	なさる
食べる、飲む	→	召し上がる
くれる	→	くださる

【一般型】

「動詞」＋尊敬の助動詞「れる」「られる」

書く	→	書かれる
読む	→	読まれる
利用する	→	利用される

お（ご）～になる

書く	→	お書きになる
読む	→	お読みになる
利用する	→	ご利用になる

お（ご）～なさる

利用する	→	ご利用なさる
心配する	→	ご心配なさる
結婚する	→	ご結婚なさる

お（ご）～くださる

書く	→	お書きくださる
読む	→	お読みくださる
配慮する	→	ご配慮くださる

お（ご）～です

読む	→	お読みです
求める	→	お求めです
利用する	→	ご利用です

ⓑ 形容詞・形容動詞の尊敬語

形容詞、形容動詞の場合は「お忙しい」「ご立派」のように「お」「ご」をつけて尊敬語にすることができます。

また、「お」「ご」のなじまない語でも、「（指が）細くていらっしゃる」「積極的でいらっしゃる」のように「～くていらっしゃる」「～でいらっしゃる」の形で尊敬語にすることができます。

お若い
ご清潔
若くていらっしゃる

ⓒ 名詞の尊敬語

一般には「お名前」「ご住所」のように「お」または「ご」をつけます。

お車
お食事
ご年齢

2 謙譲語Ⅰ

話し手が、自分や自分側の人およびその人の動作、状態などを、敬意の対象に対してへりくだった形で表現する言葉です。

ⓐ 動詞の謙譲語Ⅰ

「訪ねる→伺う」のように特定の語形（特定形）による場合と、「お（ご）～する」（例：届ける→お届けする、案内する→ご案内する）のように広くいろいろな語に適用できる一般的な語形（一般形）を使う場合とがあります。

【特定形】

訪ねる、尋ねる、聞く	→	伺う
言う	→	申し上げる
もらう	→	いただく
会う	→	お目にかかる
見る	→	拝見する

【一般型】

お（ご）～する、いたす

話す	→	お話しする
知らせる	→	お知らせする（いたす）
報告する	→	ご報告する（ご報告いたす）

お（ご）～申し上げる

届ける	→	お届け申し上げる
案内する	→	ご案内申し上げる
相談する	→	ご相談申し上げる

～していただく

読む	→	読んでいただく
指導する	→	指導していただく

お（ご）～いただく

話す	→	お話しいただく
指導する	→	ご指導いただく

ⓑ 名詞の謙譲語

「弊社、拙宅、愚息」など自分または身内に対するへりくだった言い方です。

3 謙譲語Ⅱ（丁重語）

自分側の行為・ものごとなどを話や文章の相手に対して丁重に述べる言葉です。

「明日から海外へ参ります」と述べる場合、「明日から海外へ行きます」と同じ内容であるが、「行く」の代わりに「参る」を使うことで、自分の行為を話や文章の相手に対して改まった述べ方で述べることになり、これが丁重さをもたらすことになります。

【謙譲語Ⅰとの違い】

謙譲語Ⅰは〈敬意の向かう先〉＝特定の相手を意識して、自分の動作をへりくだって使いますが、謙譲語Ⅱは特定の相手を意識せずに使います。
「私は社長にそのように申しました」は敬意の向かう先が社長なので、謙譲語Ⅰとなります。
「時は金なりと申しますが、その通りですね。」は敬意の向かう先を特定していないので、謙譲語Ⅱとなります。

4 丁寧語

話や文章の相手に対して丁寧に述べる言い方です。
言葉そのものを丁寧に言うことによって、相手に対して敬意を表します。相手との位置関係の問題ではなく、言葉遣い自体が丁寧なことです。
文末を「です」「ます」「ございます」等で締めくくります。

5 美化語

ものごとを美化して述べる言葉です。「お」または「ご」の接頭語をつけて表します。

お金
お菓子
ご用件
ご迷惑

3 間違いの多い敬語

1 尊敬語と謙譲語の使い方の違い

相手の動作等に対して謙譲語を使ったり、自分の所有物に対し尊敬語を使ったりすることは、間違いです。
尊敬語は必ず、自分以外の相手の動作、所有物、性質について使い、謙譲語は必ず自分または自分の身内の動作、所有物、所属物について使います。

☞ワンポイント

間違いやすい敬語を使っていないか、確認してみましょう。

したがって、尊敬語か謙譲語の区別は、主語が誰であるか、ものごとの所有、所属者等が誰であるかにより識別できます。

【例】

「お客様、お荷物をお持ちしてください」
お客様の「持つ」という動作に対して、「お持ちする」の謙譲語を使用している相手が「持つ」のであるから尊敬語を使う
→「お客様、お荷物をお持ちになってください」が適切

2 二重敬語の間違い

一つの語について、同じ種類の敬語を二重に使ったものを「二重敬語」といい、習慣として定着している語を除き、現代では不適切な表現です。例えば、「お話しになられる」は、「話す」を「お話しになる」と尊敬語にした上で、さらに尊敬語の「〜れる」を加えたもので二重敬語になります。

【例】

× お読みになられる	→	○ お読みになる
× ご出席になられる	→	○ ご出席になる
× おっしゃられる	→	○ おっしゃる

3 謙譲語＋尊敬の助動詞「れる」「られる」をつける間違い

謙譲語の動詞に尊敬の助動詞「れる・られる」を結びつけても、尊敬語にはならない。

【例】

× 伺われる
× いただかれる
× ご案内される

4 身内に対する敬意・身内に対して尊敬語を使う間違い

謙譲語は自分または身内の動作、状態等について使います。身内とは家族・親族および同じ組織に所属している人をさします。

社内では上位者に対して敬意表現を使いますが、外部の方には、社内の上位者の動作等は敬意表現を使いません（尊敬語を使わず、謙譲語または普通の動詞を使います）。

【例】

（お客様等外部の人に対して）「社長がそのようにお話しになりました」
→「○○（社長の名前の呼び捨て）がそのように申しておりました」

4　避けたい言葉遣い

コンタクトセンターが行う電話応対では、使うべきではない、避けたい言葉遣いがあります。
避けたい言葉遣いには大きく分けて、次のような項目があります。

1 上位者から下位者に対するような言葉遣い

ⓐ「おわかりいただけましたか」「ご理解されましたか」
相手の理解能力を直接問う言い方であり、失礼です。

ⓑ「わたくしが教えますので～」

ⓒ「～されたのですか？」「～されていないのですか？」

ⓓ「ご苦労様です」

☞ワンポイント

避けたい言葉遣いは、お客様の不満や不安を招きますので、注意が必要です。

2 乱れた日本語と指摘されている言葉

ⓐ「～のほう」をつけて話す

ⓑ「よろしかったでしょうか」

ⓒ「お名前をいただけますか」「ちょうだいできますか」

その他にも「食べれる」「寝れる」などの「ら抜き言葉」や「全然」を肯定語と呼応させた「全然、大丈夫です」のような言葉遣いにも注意が必要です。

3 音声上の不快感を与える言い方

言葉遣いそのものにも注意が必要ですが、音声上においてもお客様に不快感を与えてしまう話し方もあります。

ⓐ 「昨日お電話いただきましたのでぇ↑」「さっそくお送りいたしましたがぁ↑」のように句読点、文節の切れ目で語尾が上がる、あるいは伸びる、強くなる。

ⓑ 「おはようございまぁ～す」「失礼いたしますぅ～」「ありがとうございまぁ～す」のようにあいさつの語尾が伸びる。

ⓒ 「本日ご連絡いたしますので――」「本日ご連絡いたしますが――」のように、接続助詞でセンテンスを止める。

4 お客様が理解できない専門用語、社内用語

オペレーターの経験を積むと取り扱う商品、サービスの知識が増えていきます。同時に専門用語や社内や業界でしか通じない用語も覚えることになりますが、そうした用語をお客様が知っているとは限りません。お客様が理解できない専門用語や社内用語の使用は避けるか、きちんと説明してから使いましょう。

【3】 会話の基本テクニック

学習ポイント

- あいさつや名乗りの重要性を知る
- 相づち、復唱の電話応対での役割を理解する
- クッション言葉・結びの言葉の効果を知る

1 名乗り

電話応対の基本を構成する要素は大きく分けて「オープニング」「用件を聴く」「用件を話す」「クロージング」です。
最初は名乗りです。電話をかけた時も受ける時も、お客様が持つ企業の第一印象は１５秒で決まるといわれています。
コールがスムーズにいくかどうかや、会話全体の印象を決定する大きな部分が第一声にあるといっても過言でありません。

☞ワンポイント

鏡を使い、笑顔を作ってから電話に出ることで、明るい応対を行うことができます。

【名乗りのポイント】

❶ はっきりと誰であるかが相手にわかり、ソフトな感じで話しやすい雰囲気を作ること。
声の大きさ・発音・イントネーション・スピード等に気をつける。

❷ 正しい姿勢を作る。

❸ 声の高さはややキーを上げ、声の大きさはやや大きくする。

❹ 早口にならないよう一音一音、丁寧に発音する。

❺ イントネーションは「山なり」にやわらかく言う。

❻ 長い会社名やフレーズとフレーズの間（あいさつ、会社名、部署名、自分の名前と順番に言う時の切れ目）には、適度な間（ま）＝ブレスを入れる。

☞ワンポイント

「ありがとうございます」

「コン検センターでございます」
山なりにすることで、語尾の間延びや強く発音することが少なくなります。

2 復唱確認

電話は文字情報を使わず、耳だけで聞き取るコミュニケーションツールです。
したがって、内容の聞き間違いを避けることに注意を払わねばなりません。聞き間違いを防ぐ手法が復唱です。
復唱は基本的には、お客様の後について繰り返します。また重要事項は再度確認するために、電話の最後にまとめて行うこともあります。

☞ワンポイント

復唱確認をするときは、イントネーションとポーズを使って、確認点を際立たせましょう。

【復唱を行うべきことの例】

❶ 問い合わせ内容

❷ 固有名詞（名前・会社名・住所等）

❸ 数詞（商品の発注数、日時、先方の電話番号など）

☞ワンポイント

お客様に重要な内容を伝える時は、声の調子を変えて話す（プロミネンス）スキルを活用しましょう。

3 クッション言葉

「恐れ入りますが～」「お手数ですが～」「申し訳ございませんが～」「恐縮ですが～」のような、人と人の感情のクッションになる言葉です。

一般的な場面で
恐れ入りますが（恐縮ですが）
失礼ですが
申し訳ございませんが
お手数をおかけいたしますが
ご足労をおかけいたしますが

クレームの場面などで
つかぬことをお伺いいたしますが
お差し支えなければお聞かせいただきたいのですが
念のためにお伺いいたしますが

4 クロージング

電話での会話の締めくくりをクロージングといいます。電話で行った会話の内容を振り返り、確認することです。
お客様に満足感を与えて電話を切ってもらえるようにコールを締めくくります。電話をいただいた感謝の気持ちや電話で話を聞いてもらえた感謝の気持ちをしっかりと話し、温かい余韻の残る締めくくりにします。

【クロージングの言葉の例】

1「他にお困りのことや、ご不明な点はありませんか」

2「お問い合わせありがとうございました。当日お待ちしております」

3「ご注文ありがとうございました」

4「今後ともお願いいたします」

5「ご足労をおかけいたしますが、よろしくお願いします」

何の用件の話をして、どのような内容で話が終わったかを示すと、より良い印象を与えられます。

☞ワンポイント
クッション言葉は、オペレーターの謙虚さを表現する言葉ですので、その気持ちを表現しましょう。

☞ワンポイント
終わりがけの一言は印象に残りますので、通り一遍にならないようにしましょう。

☞ワンポイント
電話を切る時は、お客様が電話を切ったことを確認してから切りましょう。

3-2 非電話対応の基礎

【1】 Eメールにおける対応

学習ポイント

- ビジネスでEメールを利用する場合の基礎知識を知る

1 ビジネスEメールの基礎

Eメールは、いまやビジネスに欠くことのできないコミュニケーション手段の一つです。Eメールは文字だけで伝えるため、ニュアンスを上手く伝えられないことがあります。また、じっくり考える間を持たずに情報を発信できるという特徴を持つために、相手を不快にさせてしまうこともあります。相手に失礼なくEメールを送るためのポイントを確認しましょう。

❶ メールアドレスは、半角英数字で正確に入力する

ⓐ メールアドレス（以下、アドレス）は1文字異なるだけでも、目的の送信先に届きません。まったく別のユーザーに届いてしまう可能性もあります。

ⓑ アドレスは必ず半角の英数字で入力します。

ⓒ 大文字と小文字は異なる文字として認識される場合もあるため、注意する必要があります。

❷ 宛先、CC、BCCを適切に使い分ける

指定箇所	内容と目的
宛先	メールを送りたい当事者のアドレスを指定します。

ＣＣ	“Carbon Copy”（カーボンコピー）の略です。CCに指定したアドレスには、宛先と同時に送信されます。Ｅメールの内容を関係者にも知ってもらいたい時などに指定します。
ＢＣＣ	“Blind Carbon Copy”（ブラインドカーボンコピー）の略です。ＣＣと同じく、宛先と同時に送信されます。ただし、ＢＣＣに指定したアドレスは、他の受信者には見えません。自分だけがアドレスを知っている複数の人に対して同時にＥメールを送信する場合には、自分を宛先に指定した上でＢＣＣに送りたいアドレスを指定します。

❸ 文の内容を推測できる件名をつける

ⓐ 内容が推測しにくい件名では、本文を開くまで何の連絡かがわかりません。後で、Ｅメールを検索する時にも、わかりやすい件名が役立ちます。

ⓑ 返信の場合は「Re：(元の件名)」を残すと、どのＥメールへの返答かわかりやすくなります。

❹ 添付ファイルはサイズや環境を確認する

添付ファイルを送信する場合は、以下の点をあらかじめ確認しておきます。

ⓐ 受信側のインターネット環境
⇒大きなサイズのファイルは圧縮する場合もあります。

ⓑ ファイルを圧縮する場合は、受信側が解凍ツールを持っているか、確認します。

ⓒ ファイルを開くのに必要なソフトウェアが受信側にインストールされているか、確認します。

また、Ｅメール本文中にファイル添付の旨を明記します。

❺ 本文の冒頭で、相手の名前と自分の名前を明記する

万が一アドレスを間違えて送信した場合、本来の相手の名前が書いてあれば、受取人は間違って送信されたＥメールであることがわかり、混乱を防ぎやすくなります。

❻ 時候のあいさつは省略する

ⓐ Eメールには簡潔さが求められます。一般の手紙のような時候

☞ワンポイント

Ｅメールは記録に残ることを認識し、使い方や表現には、十分注意しましょう。
上長の確認をとってから、Eメールを送信するなどのルールがあるセンターもあります。

☞ワンポイント

「CC」と「BCC」の使い方を間違えると、個人情報漏洩事故につながりますので、注意しましょう。

のあいさつは省略し、「いつもお世話になっております」「先日はありがとうございました」のような簡単なあいさつにします。

ⓑ 本文の最後も、「敬具」「草々」は必要なく、「よろしくお願いします」など、簡潔に結びます。

7 改行や段落を入れて、読みやすいレイアウトを心がける

ⓐ 段落と段落の間には空白行を入れると、読みやすくなります。

ⓑ 画面を横スクロールしなくても読めるように、およそ３５文字（半角７０文字）以内ごとに、改行を入れるようにします。

ⓒ 書き出しは左寄せにします。

Eメール画面の例：

宛先: suzuki@abcd.co.jp
CC(C): tanaka@conken.co.jp
BCC(B):
件名(U): 展示会でご要望いただいた資料を送付します
添付ファイル(T): コン検会社概要.ppt (392 KB) / XYZ商品カタログ.zip (163 KB) / ABCサービス料金表.pdf (57 K)

ABCD株式会社
総務部　管理課
課長　鈴木様

いつもお世話になっております。
コン検の山田でございます。

先日は、ご多忙の中、弊社の展示会へご来場いただき、
誠にありがとうございました。
ご来場の際に、鈴木様からご要望いただきました資料3点を、
本メール添付にて、送付させていただきます。

1．弊社会社概要
2．XYZ商品カタログ
3．ABCサービス料金表

ぜひ、ご確認のうえ、ご検討くださいませ。
ご不明な点がございましたら、いつでもお問い合わせ下さい。

何卒、よろしくお願い申し上げます。

株式会社コン検
山田　花子
〒105-0012
東京都港区芝大門2-1-16
TEL03-5777-6417　FAX03-5777-6412
E-mail　yamada@conken.co.jp
URL http://www.conken.co.jp
----

① アドレスは半角英数字で正確に入力する
② 参考としてEメールの内容を知ってもらいたい送信先は〈CC〉に指定する
③ 本文を推測しやすい件名をつける
④ 添付ファイルはサイズや環境を確認する
⑤ 冒頭で、相手の名前と自分の名前を明記する
⑥ 時候のあいさつは省略する
⑦ 約35文字以内を目安に改行
⑧ 段落と段落の間は、1行空ける
⑨ 「署名」として、送信者の簡潔な情報を挿入する

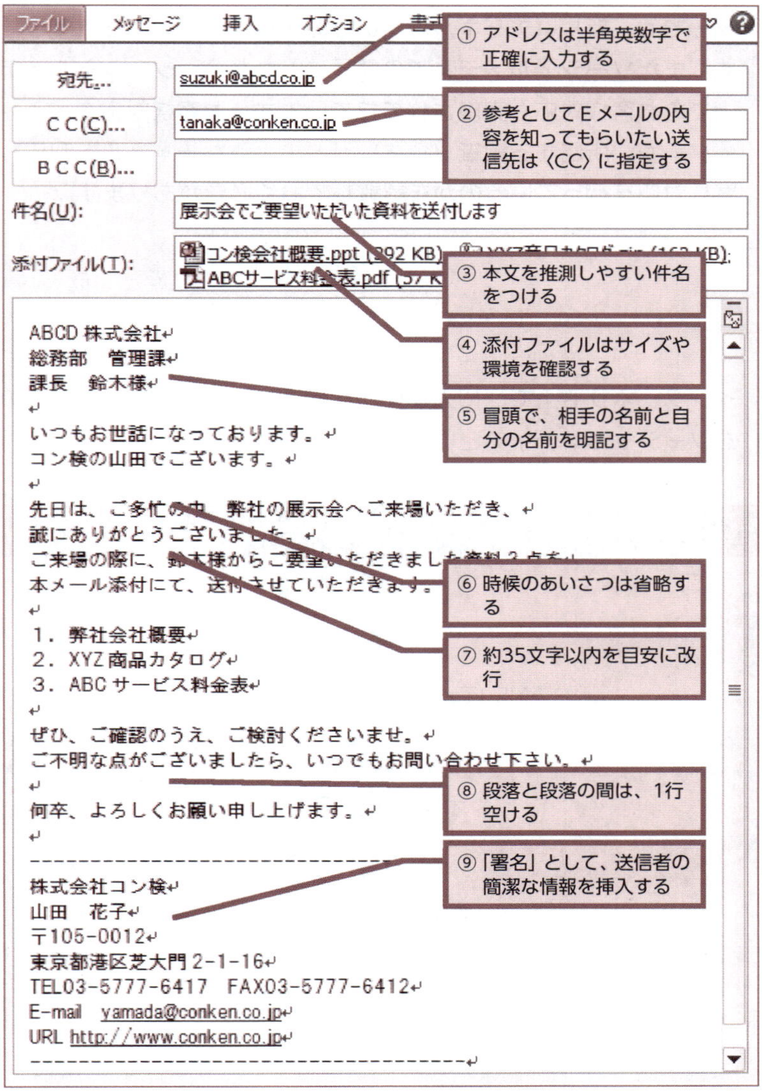

【2】その他チャネルにおける対応

学習ポイント

- お客様対応における、新しいチャネルについて知る

① 新しいチャネル

電話でのお客様対応からＥメールでの対応・Ｗｅｂ上でのセルフサポートシステムに対応方法が変化してきているように、コンタクトセンターでも、新しいチャネルを用いたお客様対応が求められてきています。またソーシャルメディアの発展にともない、ソーシャルメディア上でのお客様対応も実施されてきています。お客様対応を行うオペレーターも、所属する組織（企業）がどのようなチャネルを利用してお客様対応を行っているのかを認識しておく必要があります。

② ソーシャルメディア

インターネット上で、個人が情報を発信し形成されるメディアのことをソーシャルメディアといいます。

ソーシャルメディアの種類
ブログ
マイブログ
SNS（Twitter・Facebookなど）
ソーシャルブックマーク
オンライン百科事典
ＦＡＱサイト
動画投稿共有サイト
画像共有サイト
掲示板　など

用語解説

チャネル…ターゲット顧客にメッセージを送ったり、購買者からのメッセージを受け取るための経路／媒体のことです。
新聞、雑誌、テレビ、手紙、電話、屋外広告、チラシ、インターネットなどがこれに相当します。
別名、コミュニケーション・チャネルともいいます。

用語解説

「ソーシャルメディア」とは、インターネット上で個人の情報を発信し、形成されるメディアのことです。

用語解説

「FAQ」とは、Frequently Asked Questionsの略。
頻繁にある問い合わせと、それに対する回答のことです。

3-3 文書作成の基礎

【1】文書作成の基本

学習ポイント

- ビジネス文書作成のポイントを理解する
- ストーリーラインの種類と特徴を知る

1 ビジネス文書作成の基本

コンタクトセンターでは、コールログの作成や、Eメール対応、報告書の作成など文書によるコミュニケーションの機会が多いため、文章の作成技術も大切なスキルとなります。
ビジネス文書を作成する場合には、受け手に内容を正しく理解してもらうことが大切です。
正しく内容を理解してもらうためには、伝えたい内容を整理し、簡潔で、根拠や理由が論理的であることが重要です。
ビジネスの文章を作成するためには以下のポイントを注意します。

1 目的は何か

2 伝え手は誰か

3 読み手は誰か

4 テーマ(主張)と根拠(事実・論拠)がしっかりしているか

5 筋道があり、読み手が読みやすい文章か

2 ストーリーライン

文書を作成するためには、全体の構成や流れ(ストーリーライン)をあらかじめ作成しておくことが大切です。(文章の設計図を書く)
読み手に文書の内容を理解してもらうために、どのような順序で説明

することが有効かを考え文書を作成します。

【コンタクトセンターで活用するストーリーラインの例】

❶ 頭括型

まず、結論を先に書き、その結論に至った理由や根拠を説明していく方法です。

❷ 時系列型

時の流れに沿って情報を整理します。最初のクレーム報告などは、時系列でまとめると、読み手が理解しやすくなります。

ⓐ 今までの経緯

ⓑ 現在の状況

ⓒ 今後の対応

【その他の代表的なストーリーライン】

❶ 起承転結型

「起句」--- 最初に自分の主張や意見を述べる

「承句」--- 主張の背景や理由について述べる

「転句」--- 承に至った事実について記述する

「結句」--- 起で書いた結論について、承→転となった理由とあわせて、結論を記述する

❷ 問題解決型

ⓐ 問題提起

ⓑ 要因分析

ⓒ 解決案の提示

ⓓ 実行

3 ビジネス文書作成のポイント

ビジネス文書を作成するためのポイントは以下のようなものです。

☞ワンポイント

読み手が理解しやすく、誤解がない文章を作成するために、5つのポイントを意識しましょう。

❶ 主語と述語を一致させる

述語とその主体になる主語が、「誰が、何が」〜「何だ、どうする」「どんなだ」の関係で対応していること。

❷ 接続詞を適切に使う

接続詞は論理の標識。
順接、逆接、添付・付加、選択、転換などの接続詞を適切に使います。

順接	「それで」「だから」「したがって」 例文：「センターが美しくなりました。それでオペレーターのモチベーションも上がりました。」
逆接	「しかし」「だが」「ところが」 例文：「行っていることは正しい。しかしこの状況では適切ではない。」
添付・付加	「また」「そして」「さらに」 例文：「売上げは好調です。さらに新しい製品も開発されています。」
選択	「また」「あるいは」「それとも」 例文：「総務あるいは庶務の担当です。」
転換	「さて」「ところで」「ときに」 例文：「業務報告は以上です。さて最後にチームの課題を伝えます。」

❸ 一文一義にする

一つの複数の内容を入れない。「〜するとともに〜を」というような長いセンテンスの文はなるべく避けます。

❹ 句読点を正しく使う

❺ 語尾を統一する

「です・ます」調である敬体と「だ・である」調の常体のどちらかに統一します。

3-4　パソコンスキルの基礎

【1】パソコン／オペレーター用端末の操作

学習ポイント

- 基本的なパソコンの仕組みと操作を習得する
- タッチタイピングの重要性とトレーニング方法を学ぶ

1　基本的なパソコンの操作

コンタクトセンターのオペレーターの仕事にパソコン（パーソナル・コンピューター／ＰＣ）は必要不可欠です。仕事をする上で、パソコンの基本的な操作をしっかりマスターすることが必要です。

1 パソコンを使って行う業務には以下のようなものがあります

ⓐ 電話対応（パソコンと電話の機能が一体化しているシステムの場合）

ⓑ お客様の対応の履歴を確認する

ⓒ 対応に必要な情報を検索して、正確な情報をお客様に伝える

ⓓ お客様の対応の内容を入力する

ⓔ 必要な書面などの出力をする

ⓕ システムを通じて配信される教育コースを受講する

ⓖ 業務連絡などのＥメールを受信する

ⓗ お客様とのＥメールをやり取りする（業務として割り振られている場合）

2 パソコンの仕組み

パソコンを個人で活用する人の多くが、インターネットに接続してホームページをみたり、メールのやり取りをしたりすることが多

いと思います。コンタクトセンターで活用するパソコンは、その会社のネットワークに接続され、必要な機能が利用できるようになっています。

【パソコンの外観】

コンタクトセンターでは、パソコンを「利用」して「業務を行う」ことが目的ですので、パソコンの装置に関する専門的な知識は必要ありません。しかし、パソコンがどのように動作するかは理解しておくといいでしょう。

【パソコンの基本構成（概念図)】

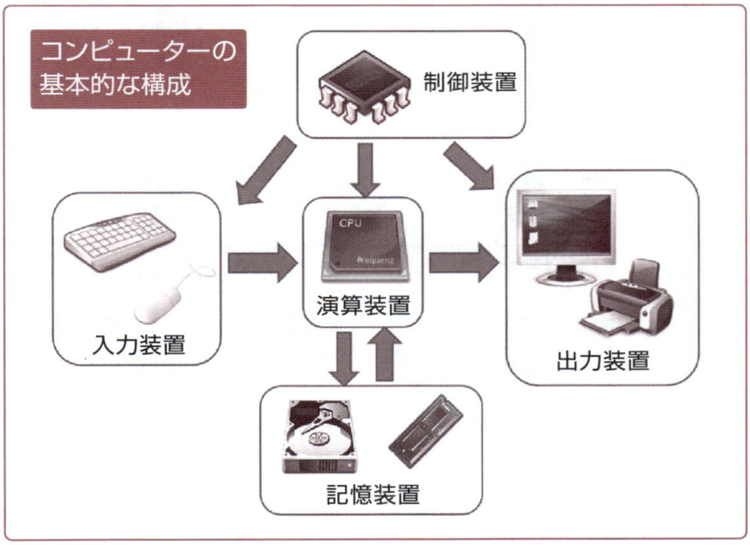

ⓐ 制御装置：すべての装置を制御するパソコンの頭脳です。CPU (Central Processing Unit) がその役割を担っています。

ⓑ 演算装置：データの処理を行う機能です。制御装置と同じく、CPUがその役割を果たします。

ⓒ　記憶装置：データを保存する機能です。メモリや外部記憶装置（ハードディスクなど）がこれに相当します。

ⓓ　入力装置：データを受け取る機能です。キーボードやマウスがこれにあたります。

ⓔ　出力装置：データなどを処理した結果を出力する機能です。ディスプレイやプリンタがこれにあたります。

3 OS（オペレーティングシステム）とソフトウェア

パソコンには、必ずOS（オペレーティングシステム）という基本ソフトがインストールされています。これは、パソコンを動作させるために必要なソフトで、すべてのアプリケーションはOSを土台にして動作します。

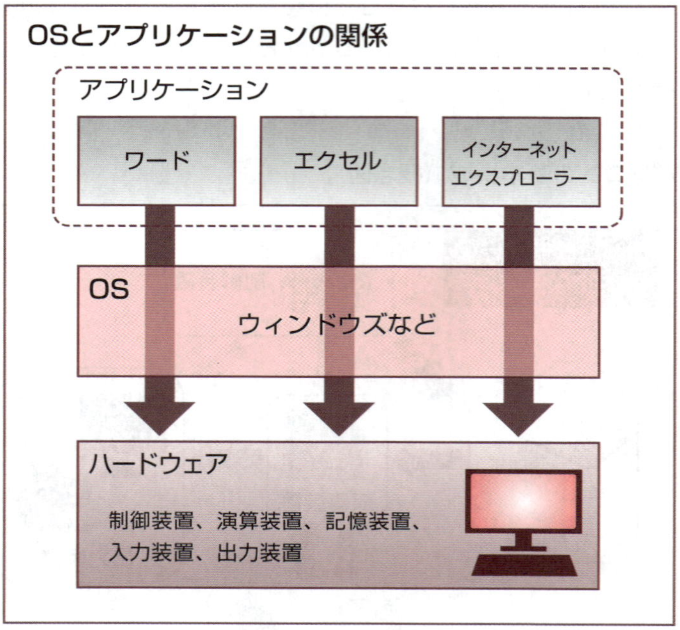

コンタクトセンターの業務では、パソコン起動（電源をいれる）してOSが立ち上がった後に、会社のネットワークに接続したうえで、必要なアプリケーションを起動し利用します。

4 パソコンの基本操作

パソコンの基本操作は、以下のような手順になります。

【業務の開始時】

ⓐ 電源を入れる

ⓑ OSが起動する

ⓒ 社内のネットワークにログインして、接続する

ⓓ 業務に使用するアプリケーションを起動する

ⓔ コンタクトセンターの業務で活用する

【業務が終了したら】

ⓕ 使用したアプリケーションを終了する

ⓖ OSを終了する（ログオフする）

ⓗ 電源を切る

2 キーボード操作

パソコンの文字入力に使うキーボードは、最も重要な入力装置の一つです。マウスもパソコンの操作に欠かせませんが、文字入力にはパソコンのキーボード操作に慣れることが重要です。

1 キーボードの操作

キーボードには複数の文字・記号が書かれていますが、それらの文字は以下のように入力します。

●英文字を入力するためのキーの場合

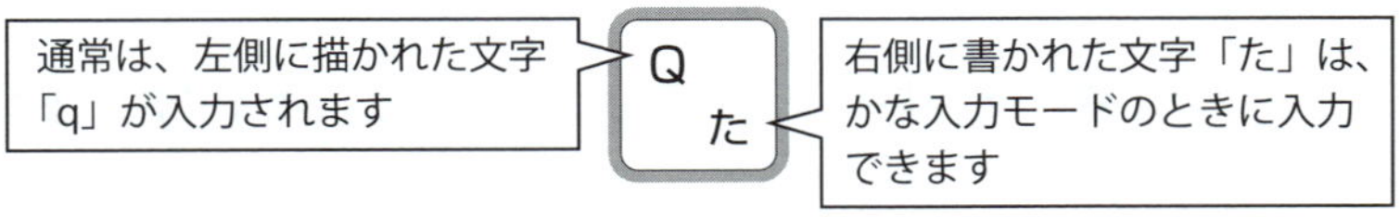

通常は、左側に描かれた文字「q」が入力されます
Q
た
右側に書かれた文字「た」は、かな入力モードのときに入力できます

●英文字以外を入力するためのキーの場合

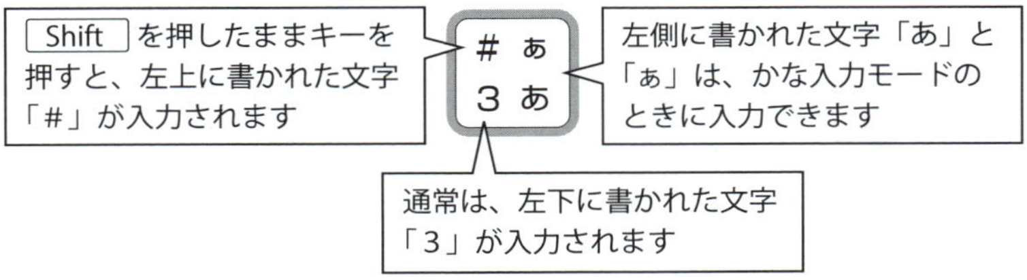

❷ 特殊なキー：他のキーやマウス操作と組み合わせて利用するキー

ⓐ Shift：シフトキー

ⓑ Ctrl：コントロールキー

ⓒ Alt ：オルトキー

❸ ショートカットキー

❷で紹介したキーなどを組み合わせて活用することで、文書作成時に活用するいろいろな操作をキーボードで行うことができます。ショートカットキーを活用することで、効率よく迅速に入力業務ができるようになります

操　作	ショートカットキー
すべて選択する	Ctrl + A
コピーする	Ctrl + C
貼り付け	Ctrl + V
切り取り	Ctrl + X
元に戻す	Ctrl + Z
カーソルを文頭に移動する	Home
カーソルを文末に移動する	End
文章を選択する	Shift + →、←、↑、↓
ヘルプを表示する	F1

❹ 日本語入力

日本語を入力する時は、「ＩＭＥ」（ローマ字からひらがな、カタカナへの変換、漢字への変換を行うソフトウェア）を利用します。

ⓐ Ctrl キーを押しながら、漢字キーを押すことでＩＭＥを切り替える

ⓑ 入力したい文字モードで入力し、変換する（スペースキー）

ⓒ ファンクションキー（キーボードの上部）のF6～F10 を押すことでカタカナやアルファベットに変換したりすることができる

☞ワンポイント

便利な機能:辞書ツール
使用頻度の高い用語や表現は辞書ツールに登録することで、効率よく変換できます。

☞ワンポイント

受信したEメールが文字化けしていた場合は、エンコードを変更することで、正しく表示されることがあります。

ファンクションキー	変換される文字
F6	ひらがな
F7	全角カタカナ
F8	半角カタカナ
F9	全角アルファベット ※複数回押すことで大文字や小文切り替え換えが可能
F10	半角アルファベット ※複数回押すことで大文字や小文切り替え換えが可能

3 タッチタイピング

キーボードを見ないで、パソコンの画面を見ながら文字入力ができるタッチタイピングは、効率性の要求されるコンタクトセンターでは、必須のスキルです。
タッチタイピングを習得することで、迅速な文字入力操作が可能となり、お客様をお待たせしない、効率的なコンタクトセンター運営につながります。

1 ホームポジション

通常は、人差し指のホームポジションとして、「F」と「J」のキーには、触ってわかる印がついています。人差し指を起点に、指をホームポジションに置きます。親指はSPACE（スペース）キーに置きます。

【ホームポジション】

2 決まったキーを決まった指で押す

キーを押す指以外は、ホームポジションから動かさないようにします。

3 すべての指はホームポジションに戻す

一つのキーを押したら、すべての指をホームポジションに戻してから次のキーを入力します。
一見、効率が悪いようにも感じられますが、慣れてくると自然に指が動くようになります。

【2】情報の検索

学習ポイント

- 効率の良い情報の検索方法を知る

1 コンタクトセンターの情報＝ナレッジ

コンタクトセンターのオペレーターは、基本的な商品やサービスについて研修を受けます。しかし、通常は情報の分野・量も非常に多く、内容の修正や更新のタイミングも頻繁であることが多いので、すべてを覚えこむことは非常に難しいです。
そこでコンタクトセンターでは、ナレッジベース（知識のデータベース）を構築し、そこに正確な最新の情報をオペレーターのために用意していることが多いです。オペレーターのスキルとして、それらの情報の中から、お客様に最適な最新の情報を“検索”して、見つけ出すスキルが求められます。

1 Ｗｅｂブラウザを活用した操作

多くのコンタクトセンターでは、ナレッジベースをイントラネット（社内用のインターネット）に保存していたり、専用のソフトウェアに保存していますが、ほとんどの場合、Ｗｅｂブラウザを通じて検索するか、同じような検索の方法が活用できます。

2 検索の操作

ⓐ 基本検索

検索したいキーワードを元にした検索結果が表示されます。複数のキーワードを入力したい場合は、キーワードの間にスペース（空白）を入れます。結果はすべてのキーワードを含むページが表示されます。複数キーワードの検索は「and検索」とも呼ばれています。

ⓑ マイナス検索

検索結果に含みたくないキーワードがある場合は、そのキーワードの前に「-」（半角のマイナス）をつけることで結果から除外することができます。

【例】 コンタクトセンター　-東京

東京というキーワードを含まないコンタクトセンターのページが検索結果となります。

ⓒ フレーズ検索

検索に区切れるキーワードを入力すると、分割したキーワードが近くに並んだものも結果として表示することがあります。

【例】「東京コンタクトセンター」と入力すると、自動で「東京 コンタクトセンター」になるなど。検索結果が多すぎる時は、フレーズ検索に切り替えるのも一つの手段です。

3 検索の精度を高めるために

ⓐ 検索のキーワードや業務の分類は正確に覚える

キーワードや業務の構成をしっかり覚えておくと、どのようなキーワードで検索すべきかがわかるようになります。

ⓑ 業務のインデックスを覚える

業務の知識は、一つ一つを細かく覚えるよりもキーワードや構成を理解するように努めます。

練　習　問　題

問題1

電話応対における印象の良い話し方として、正しいものはどれですか。

ア. お客様の迷惑にならないよう、小さな声で話す。
イ. 落ちついた応対にするため、やや低めの声で話す。
ウ. 正確に、期待通りに伝わる声を意識し、はっきりと聞こえる声で話す。
エ. 電話はお客様には見えないので、どんな姿勢で話していても関係ない。

問題2

お客様の苦情に対する謝罪の言葉として、正しいものはどれですか。

ア. 「ごめんなさい。」
イ. 「すみません。」
ウ. 「ご勘弁ください。」
エ. 「申し訳ございません。」

問題3

電話のクロージングのポイントについて、正しいものはどれですか。

ア. お客様に時間を割いて電話をしていただいたことに感謝し、自分の名前を名乗って、印象良く電話を終える。
イ. お客様に不安感を与えないように、日付、時間、所要時間を述べ、「○時○分、会話時間○分、○○でした」と事実確認をきちんと漏れなく行う。
ウ. 最後に名前を名乗るとくどくなるので、最後のあいさつは、簡単に「失礼いたします。」だけにとどめる。
エ. 最初に会社名と名前を名乗っているので、お客様から最後のあいさつを聞いた後は、静かに電話を切るのみで良い。

問題4

ビジネスでのＥメールの送受信について正しいものはどれですか。

ア. 件名には「こんにちは」「お疲れ様です」などのあいさつを含める。

イ．送信前に読み返して、誤字脱字や内容に間違いがないかを確認してから送信する。
ウ．本文を長く書くのは失礼なので、できるだけ添付ファイルをつけるようにする。
エ．読み手により良い印象を与えるために、顔文字を活用するのは有効である。

問題5

表計算ソフトウェアにおける、一つ一つの入力枠を何と呼びますか。

ア．セル
イ．タイトル
ウ．ツール
エ．ワークシート

問題6

ログインパスワードの管理方法として、正しいものはどれですか。

ア．最初に設定したパスワードを使い続ける。
イ．大文字や数字などを組み合わせた推測されにくい文字列を設定する。
ウ．誕生日や電話番号など覚えやすいものを設定する。
エ．ユーザー名と同じに設定する。

問題7

タッチタイピングの特徴として、正しいものはどれですか。

ア．タッチタイピングは、誰でもすぐに習得できる。
イ．タッチタイピングは、迅速な操作と入力が可能になる。
ウ．タッチタイピングは、腱鞘炎の発生を抑えることができる。
エ．タッチタイピングは、タイプミスに気がつくのが遅れる。

問題8

用語の説明で不適切なものはどれですか。

ア．ポーズとは、話を途中で終えてしまうことである。
イ．プロミネンスとは、大切な言葉を際立たせ強調することである。

ウ. アクセントとは語の中の高低や強弱の配置のことである。
エ. イントネーションとは抑揚のことである。

問題9

センター長の名前をお客様に伝える時の適切な言葉はどれですか。

ア. 「センター長は鈴木と言われます」
イ. 「センター長は鈴木とおっしゃいます」
ウ. 「センター長は鈴木と言います」
エ. 「センター長は鈴木と申します」

問題10

オペレーターのA子さんが離席中に、お客様から電話がかかってきた時の適切な言葉はどれですか。

ア. 「ただ今、A子さんは離席しておるんですが」
イ. 「今ちょっと席におりませんで〜」
ウ. 「ただ今、A子は席を外しております」
エ. 「ただ今、A子は外していらっしゃるんです」

問題11

長く待たせているお客様に対するオープニングとしての電話の応対で、適切なものはどれですか。

ア. 「はい、コン検 お客様相談センターです」
イ. 「はい、コン検 お客様相談センターです。忙しかったものですから」
ウ. 「お待たせしました、どちら様ですか」
エ. 「お待たせしました、コン検 お客様相談センターでございます」

問題12

お客様の電話番号を聞く場合の電話の応対で、適切なものはどれですか。

ア. 「失礼ですが、お電話番号をお申しください」
イ. 「失礼ですが、ご連絡先を申していただけますか」
ウ. 「失礼ですが、お電話番号をお聞かせいただけますか」
エ. 「失礼ですが、電話番号をどうぞ」

問題13

復唱確認を行うべき内容について、不適切なものはどれですか。

ア. 日時・商品受発注数
イ. 会社名・名前・住所
ウ. 問い合わせ内容
エ. お客様の話す内容すべて

問題14

電話応対でのポイントで不適切なものはどれですか。

ア. 朝のあいさつ「おはようございます」は午前9：00までしか使えない。
イ. 会社名の株式会社は略しても良い。
ウ. 保留をする時は必ず保留ボタンを押す。
エ. 終わりのあいさつは、感謝やお詫びの言葉を加えて「失礼いたします」で締めくくる。

問題15

お客様にＥメールを送信する時のマナーとして不適切なものはどれですか。

ア. 冒頭に『拝啓』『前略』などの言葉は不要であるが、文末は『敬具』で締めくくる。
イ. 冒頭で相手の名前と自分の名前を明記する。
ウ. ３５文字を目安に改行を入れ、読みやすいレイアウトにする。
エ. 読みやすくするために、段落と段落の間を１行空ける。

《解答と解説》

問題1　解答　ウ

解説　電話応対で、お客様に良い印象を与える態度や話し方に関する問題です。コンタクトセンターは非対面の窓口ですが、悪い姿勢や、不遜な姿勢で話をしていると、お客様にもその雰囲気が伝わるといわれています。また、電話を通じての会話なので、しっかりと音声が拾われるように、適切な音量の声で、はっきりと、通常の対面よりやや高めの声で話すと、しっかりと伝わり、印象が良くなります。正確に伝わる声を意識して、はっきりと伝えましょう。

問題2　解答　エ

解説　お客様に使う正しい接遇用語（応対用語）の、お詫びに関する問題です。お客様や仕事上の関係者に対して使う丁寧な言葉遣いで、敬語の使い方としても正しいものを選びます。「申し訳ございません。」が正しい言葉です。「ごめんなさい。」「すみません。」はビジネス用語としては、くだけた表現・なれなれしい表現となります。また、「ご勘弁ください。」は、お詫び以上にお客様に容赦していただくことを要求していると、とられかねません。真摯なお詫びとしては、「申し訳ございません。」と心からお詫びするのが正しいです。

問題3　解答　ア

解説　電話での会話の締めくくり、クロージングに関する問題です。お客様に満足感を与えて電話を切ってもらえるようにすること。ビジネスの電話として、会社名と担当者を名乗って、あいさつをして電話を切ることが基本です。日付や時間、所要時間までは一般的に必要ないでしょう。また、応対の最初に会社名と名前を名乗っていても、クロージングでは最後に会社名と名前を名乗り、あいさつします。特にお客様にお時間をいただいたことに対する感謝の気持ちが大切です。

問題4　解答　イ

解説　ビジネスでのＥメールの送受信は、正しく簡潔に事実を伝えることが重要となります。「件名」には簡素に用件の表題を記述します。あいさつ等を「件名」に入れると文字数が多くなり、お客様のメールアプリケーションで、件名のすべてが表示されないことも、ありえます。添付ファイルはお客様が開示できないことがあるので、使用しないことが一般的です。Ｅメールを送信する際は、送信前に読み返して、誤字脱字や内容の誤りがないか再度確認します。Ｅメールは、会社の見解としてお客様のパソコンなどに保存されるので、正確性は最も重要な要素となります。

問題５　解答　ア

解説　表計算ソフトの入力枠は「セル」といいます。

問題６　解答　イ

解説　ログインパスワードは、悪用されたりすることがないように、大文字や数字などを組み合わせて、推測されにくい文字列を設定します。「ウ」「エ」のように他人から推測されやすいものや、ユーザー名と同じにするようなことをしないようにします。また会社の方針に従い、一定の期間ごとにパスワードを更新するようにし、同じパスワードを長期間、継続して使用しないようにします。

問題７　解答　イ

解説　タッチタイピングは、迅速な操作と入力を可能にします。誰にでも習得可能なスキルといわれていますが、基本動作の集中的な訓練と、継続的な練習が必要といわれています。タッチタイピングでは、画面を常に見ているので、タイプミスに早く気づくことができます。しかし、腱鞘炎の発生などを防止するものではありませんので、良い姿勢と適度な休憩は必要となります。

問題８　解答　ア

解説　ポーズとは、話を途中で終えてしまうことではなく、会話で音声のないところがポーズ（間）です。間を空けることをいいます。言葉はなくとも伝えるべき内容がある部分がポーズです。

問題 9　解答　エ

解説　センター長は、社内の人なので、お客様に名前を言う時には、敬称はつけず、謙譲語で話します。したがって、「エ」の「鈴木（さんはつけない）と申します。（謙譲語）」が正しい選択肢となります。

問題 10　解答　ウ

解説　同僚のオペレーターについて、お客様応対で言及する際には、敬称はつけず、謙譲語または普通の言葉で話します。したがって、「ウ」の「ただ今、A子（さんはつけない）は席を外しております。」が正しい選択肢となります。

問題 11　解答　エ

解説　長くお待たせしたお客様には、お待たせしたことに対するお詫び（の気持ち）を表明した上で、電話応対のオープニングをします。「エ」の「お待たせしました。（という気持ちをこめて）コン検お客様相談センターでございます。」と始めるのが良いでしょう。「イ」のような言い訳は必要ありません。

問題 12　解答　ウ

解説　お客様の電話番号という個人情報を伺う時の言葉として、お手間を取らせることへのお詫び、電話番号とはっきりお伝えすること、丁寧な接遇用語を使用することが必要です。

問題 13　解答　エ

解説　お客様との電話応対において、「ア」日時や商品の個数など商取引の主要な情報、「イ」会社名・名前・住所等のお客様固有の情報、「ウ」主要な問い合わせ内容などについては、復唱し、お客様の確認を取ることが必要です。「エ」のようにお客様の話す内容のすべてを復唱することは、現実的ではありません。

問題 14　解答　ア

解説　電話応対には、表現や電話の操作など様々なポイントがあります。朝のあいさつ「おはようございます。」は午前9時以降でも使うことがあります。

問題 15　解答　ア

解説　Ｅメールの文章の基本的なルールに関する問題です。正確かつ簡素な文書でしっかりと内容が伝わることが最も重要です。「イ」のように冒頭で相手と自分の名前を明記すれば、誰からのどの用件か間違わずに読んでいただくことができます。また、段落と段落の間を１行開けると、テキストだけのＥメールも読みやすくなります。Ｅメールのアプリケーションの性質上、３５文字を目安に改行するとお客様に読みやすい文書となります。「拝啓」や「前略」と文末の「敬具」はセットになった表現ですので、どちらかだけを入れるということはしません。

Chapter 4

お客様対応に必要な基礎知識

Entry

4-1 サービスの基礎

【1】サービスとは何か

学習ポイント

- コンタクトセンターにおけるサービスの意味を知る
- サービスの特性を理解する

1 サービスとは

コンタクトセンターにおけるサービスとは、製品等とは違い無形のものです。サービス提供者とお客様との相互作用により実現します。
コンタクトセンターの活動は、顧客が抱える問題の解決や顧客満足向上のために行われます。
サービスのほとんどの部分は、人が行い、お客様に提供されます。人間によって提供されるものですので、同じ仕事でもそれを行う人によってサービス品質は変わってきます。
そして、人がすることは、物のようになかなか均質になりません。
したがって、サービスを向上するためには、人の質の向上が大切です。
また、物は消費者の手に渡るまでにいくつかの過程を通りますが、サービスはその場で行うものです。
不良サービスを出すとお客様は即座に離れていきます。
だからこそ「サービスの差」は企業の大きな差別化につながるのです。

2 サービスの特性

コンタクトセンターはサービスを提供することが主要な業務であるため、サービスの特性を理解し、各特性に対する対応や提供サービスについての管理を行うことが大切です。
サービスの特性は次のようなものがあります。

☞ワンポイント
コンタクトセンターにおけるサービスはオペレーターとお客様がいないと成立せず、両者の協働により成り立っています。

☞ワンポイント
サービスの特性を理解して、より良いサービスが提供できるようにしましょう。

1 無形性

サービスは形がないため、お客様があらかじめサービスを評価し購入することができません。

2 同時性

サービスは生産と消費が同時に行われます。サービス提供者であるオペレーターがお客様と接点を持つことにより、はじめてサービスの提供が可能となります。コンタクトセンターにおけるサービスはオペレーターとお客様がいないと成立せず、両者の協働により成り立っています。

3 異質性

サービスは提供者やお客様、労働環境、時間などの条件により、提供するサービスの品質に差異が生じます。

4 消滅性

生産と消費が同時に行われるため貯蔵ができません。サービスは消費されないと価値がなくなってしまいます。

4-2　お客様対応の基礎

【1】お客様対応の基本的なプロセス

学習ポイント
- コンタクトセンターにおけるお客様対応の基本的なプロセスについて理解する
- エスカレーションの意味を理解する

1　オペレーターに電話がつながるまで

一般的なコンタクトセンターでは、お客様がコンタクトセンターに電話をかけると、音声自動応答システム（ＩＶＲ）につながり、アナウンスが流れます。お客様が音声自動応答システムの案内に従い、ダイヤル番号を押すことで、対応する窓口へ電話がつながります。

【代表的なアナウンス】

「お電話ありがとうございます。
商品のご注文は“1”を
△△に関するお問い合わせは“2”を
その他のお問い合わせは“3”を押してください。
この電話は、サービス改善のため通話内容を録音しています。」

お客様の操作に従い、電話が対応する窓口につながると、自動電話着信分配装置（ＡＣＤ）が対応を担当するオペレーターへ電話を振り分けます。担当するオペレーターが全員通話中の場合は、アナウンスが流れる仕組みになっています。

【代表的なアナウンス】

「大変お待たせしております。ただいま窓口が込み合っています。
窓口が空き次第、お電話をおつなぎします。」

２ 電話応対（オープニング）

電話がつながったら、オペレーターは社名（組織名）と担当者である自分の名前を名乗ります。その後、お客様の情報を確認します。お客様の電話番号から、

1 お客様の情報（お名前や住所などの個人情報）

2 お客様との取り引き情報（契約状況や過去の購入履歴など）

3 対応履歴（お客様が過去に問い合わせされた際の対応情報）

などが、自動的にパソコンの画面に表示されるコンピューター・テレフォニー・インテグレーション（CTI）と呼ばれるシステムを利用しているコンタクトセンターもあります。
CTI システムを利用している場合は、お客様の情報がパソコンの画面上に表示されますが、お客様の情報（本人確認など）をお聞きしてから、所属するセンターのルールに従って、情報は開示します。

個人情報保護の観点から、お客様の本人確認などを行う前に、オペレーターからお客様に個人情報をお伝えすることはしません。

3 電話応対（問い合わせに答える）

お客様からのお問い合わせ（質問など）に答える際に、回答内容の確認などが必要な場合は、電話を保留にして、確認作業を行います。回答内容の確認は、パソコンでデータベースを検索する方法やマニュアルを参照して確認する方法が一般的です。
また、電話を保留する場合は、お客様に断ってから保留します。保留終了時にはお客様へのお詫びまたは協力への感謝を述べてから応対に戻ります。

4 電話応対（クロージングと応対記録）

お客様からのお問い合わせ（質問など）にお答えしたら、お客様がコンタクトセンターにお問い合わせをされた用件がすべて終了したかを確認してから、電話を切ります。
電話応対が終了したら、その内容をコンタクトセンターのルールに従いログシステムなどのデータベースに入力します。
応対の記録は、お客様からのお問い合わせに対して正確かつ迅速に対応するために重要な情報となります。お客様の用件と案内した内容の要点を記載すると良いでしょう。

☞用語解説

コールログとは、お客様への対応状況を記録に残すことです。

☞ワンポイント

応対記録は、お客様の用件と案内した内容の要点を記載することが基本ですが、クレーム対応時は、時系列に詳細を記録することも必要な場合があります。

5 エスカレーション

お客様からのお問い合わせ内容（質問など）が難しく、ご要望にお答えできない場合や、クレームとなってしまった場合に、身近な管理者であるスーパーバイザーや、難しい対応を行う専任チームなどに電話を転送することがあります。これを「エスカレーション」といいます。
コンタクトセンターでお客様の応対をするのはオペレーターだけではありません。コンタクトセンターというチームでお客様対応を行います。
スーパーバイザーはオペレーターの応対状況を確認（モニタリング）して、パソコンの画面にメッセージを送ったり、エスカレーションを促したりすることがあります。

【2】お客様対応とお客様の満足

学習ポイント

- 「お客様満足度」の意味を確認し、応対品質の向上がもたらす効果を知る
- VOCの意味と重要性を理解する

① お客様満足とは

お客様がコンタクトセンターに電話をかける時には、事前に何らかの期待を持っています。この期待を事前期待といいます。
事前期待に対し、コンタクトセンターの対応が十分に期待に応えられているものであったと感じた時、お客様はコンタクトセンターの対応に満足を感じます。

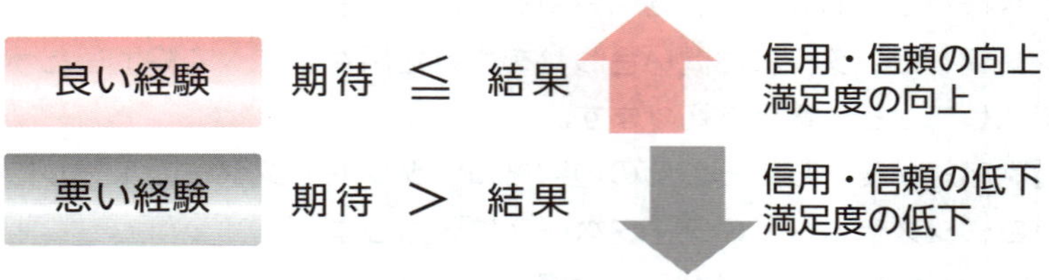

お客様満足とは、お客様が持つ事前期待に対し、事前期待通り、もしくは期待以上の対応をしてもらえたと感じている状態をいいます。
良好なコミュニケーションを作るには、常にお客様の声に耳を傾けて、お客様の期待に応えようとする姿勢が大切です。

用語解説
「CS」とは、Customer Satisfaction の略で、顧客満足の意味です。

② お客様満足とロイヤルティ

ロイヤルティとは、お客様が満足を感じてくれることにより、継続的に商品やサービスを利用してくれる状態をいいます。

ロイヤルティを持つお客様は、以下のような行動を通じて、企業（組織）の収益を高めていくことに貢献してくれます。

❶ 商品やサービスを繰り返して利用するリピーターとなる

☞用語解説

「ロイヤルティ」とは、お客様が満足感を得て、継続的に商品やサービスを利用してくれる状態のことです。

☞ワンポイント

お客様の満足度を高めることによって、企業との長期的な関係を築き、企業の収益を高めていく手法を「カスタマー・リレーションシップ・マネジメント（CRM）」といいます。

☞用語解説

「VOC」
(Voice Of Customer)
お客様から企業に寄せられる意見や苦情などの情報のことです。

2 商品やサービスについての良い情報を友人や知人に知らせ、利用を勧めてくれる

3 VOC

お客様から企業に寄せられる意見や苦情などの情報を「お客様の声」ＶＯＣ（Voice of Customer）といいます。
コンタクトセンターにおいては、ＶＯＣの収集を通じて、ＶＯＣの分析と戦略への反映、業務プロセスへの変革に貢献することが求められています。

1 ＶＯＣの収集・分析方法

お客様満足度調査の他に、その調査票のフリーコメント欄を活用したり、コンタクトセンターの現場でオペレーターが定性的なコメントを収集したりすることで、お客様の声を収集・分析します。

2 ＶＯＣの目的

ＶＯＣの分析により、企業は業務の改善・新しい商品やサービスの開発をお客様視点で行います。

3 ＶＯＣとコンタクトセンター

お客様との接点であるコンタクトセンターは、ＶＯＣを最も多く収集できる部門の一つです。

4 フィードバック

コンタクトセンターには、企業の様々な部門に対する情報がお客様から寄せられるので、その情報を関連する部門にフィードバックする役割があります。

お客様視点とは

コンタクトセンターでは、「お客様視点」が大切だといわれます。
具体的には、どのようなことが大切なのでしょうか。

● シンキングスキルの活用

お客様とのコミュニケーションを支えるスキルとして、シンキングスキル（考えるスキル）があります。シンキングスキルとはお客様に内容が正しく伝わるためには何をすべきかを考えるスキルです。お客様の話をよく聴き、お客様の立場や環境、電話で話をしている現在の状況などを、お客様の立場になって考え対応することが大切です。

● お客様の話す内容の正確な理解

お客様の状況から、話の目的、タイミング、順序などをしっかりと考えて対応する前提として、まず、お客様の話す内容を正確に理解することが大切です。お客様の話がしっかりと理解できなかった場合は、もう一度お話していただくようにお願いしなければならないこともあるでしょう。

● お客様の満足と長期的な関係を築く土台＝正確さ

お客様のお話に共感し、迅速かつ柔軟に対応することはとても大切です。しかし、その土台となるのは、お客様の必要とする情報を正確にお伝えすることです。
お客様と長期的に良好な関係を築く際にも、正確に必要な情報をお伝えする、ということがその土台となります。

● お客様の満足と長期的な関係の主役＝お客様

正確な対応を礎として、お客様に満足していただけるコンタクトセンターを築きあげていきます。しかし、お客様がどのように考えているのか、どのような対応のコンタクトセンターを求めているかについては、継続的にお客様に聴く姿勢が大切です。

4-3 コミュニケーションの基礎

【1】コミュニケーションについて

学習ポイント

- コミュニケーションの意味と大切さを知る
- コミュニケーションを図る時の姿勢を知る
- 非言語コミュニケーションの大切さを知る

☞用語解説

「コミュニケーション」とは、情報の発信と受信を相互に行うことによって、お互いを理解しあうことです。

1 なぜコミュニケーションが大切なのか

コミュニケーションとは、「情報の発信と受信を相互に行うことによって、お互いを理解しあうこと」です。お互いの情報が的確に伝わり、双方に正しく理解されてはじめて真のコミュニケーションといえるでしょう。

コミュニケーションを行うことは、相手との距離感を縮めていくことです。相手を理解し、相手との距離を縮めたいと思う心が大切です。

2 コミュニケーションの基本的な姿勢

コミュニケーションは、自分がいて、相手がいて、交わされる言葉やシグナルがあって成り立つものです。

したがって、コミュニケーションを取る際には、「自分がどんな人間か」「相手はどんな人なのか」をまず知り、自分と他人との間に橋をかけようと努力することが大切です。

この「橋をかけようとする気持ち」をコミュニケーションマインドといいます。まずマインドがないと言葉やシグナルを発するスキルは活かされません。

3 コミュニケーションの種類

1 バーバルコミュニケーション

会話などの言葉や文字でのコミュニケーション。(言語コミュニケ

ーション)

2 ノンバーバルコミュニケーション

声のトーンや表情、動作(ボディランゲージ)など、言語以外で伝えるコミュニケーション。(非言語コミュニケーション)

コンタクトセンターでは、電話など相手の見えない環境で対応を行うため、ボディランゲージや顔の表情などが使えません。そのため声のトーンやスピードなどのノンバーバルコミュニケーションを利用して、より相手に理解してもらうことが重要です。
ただし、姿勢や表情はボディランゲージの一種ですが、電話の向こうのお客様には伝わってしまいますので、注意しましょう。

☞ワンポイント
コンタクトセンターでは、「ノンバーバルコミュニケーション」がサービス品質に大きく影響します。

4 コミュニケーションギャップ

コミュニケーションギャップとは、相互が認識、理解する情報に相違が発生することです。
コミュニケーションギャップには「情報ギャップ」と「認識ギャップ」があります。

☞ワンポイント
コミュニケーションギャップをなくすために、お客様へ丁寧に説明するとともに、お客様の考えを知ることが重要です。

1 情報ギャップ

情報量の違いのために発生する理解の違い。

2 認識ギャップ

情報の発信者と受信者の価値観や経験、問題意識の違いから発生する理解の違い。

【2】コミュニケーションの基礎知識

学習ポイント

- お客様との良好な関係を保つためのコミュニケーションのあり方を理解する
- 話すスキル・聴くスキル・質問するスキルを習得する

1 コミュニケーションとは

お客様と良好な関係を保ち、サービスの提供をすることがコンタクトセンターの役割です。お客様と良好な関係を保つためには、お客様と良好なコミュニケーションを取ることが重要です。

コミュケーションとは、情報を様々な手段により相互に伝え理解することです。情報には、意志や感情、思考なども含まれます。受信者が情報を受け取ることでコミュニケーションが成立します。

2 コミュニケーションスキル

☞ワンポイント

「コミュニケーションスキル」とは、話す力だけではなく、相手に情報を正しく理解・認識してもらう能力のことです。

対面の場合では、情報を伝える相手に、正しく理解してもらうために、話す内容がわかりやすいだけでなく、「アイコンタクト」や「顔の表情」、「身振り手振り」などのボディランゲージを使い、説明を行います。

電話では、ボディランゲージが利用できないため、「声のトーン」や「話すスピード」などを変えるなどし、相手の注意を引き寄せて、より相手に伝わるようにします。コミュニケーションスキルとは、様々な手段により、相手に情報を正しく理解、認識してもらうことができる能力をいいます。

3 リスニングスキル

☞ワンポイント

「きく」には3つの「きく」があります。
「聞く」は耳で聞く。
「聴く」は心で聴く。
「訊く」は口で訊く。

お客様の話を聞く(ヒアリング)だけでは、お客様の真の状況を理解し、お客様の立場に立った対応を行うことができません。単にお客様の話を聞くだけでなく、声の調子や使用する言葉などに注意しながら、お客様がおかれている状況や背景、お客様の感情などを注意深く聴き取ること（リスニング）が必要となります。

1 アクティブリスニング

お客様が話した内容を注意深く聴くだけでなく質問をすることにより、お客様が伝えたい内容を積極的に理解しようとすることをアクティブリスニングといいます。アクティブリスニングを行うためには次のようなことに注意します。

ⓐ お客様の話を聴く姿勢を作る

電話応対の前に、メモを取る準備をすることや、電話に集中することを阻害する要因を排除します。

ⓑ お客様の話を遮らない
途中で話を遮ると、お客様は相手が自分を理解しようとしていないと感じてしまいます。

ⓒ 相づちを使用する
相づちを打つことで話す内容を聴いているということをお客様に伝えます。

ⓓ お客様の話す内容について批判や判断をしない
お客様が話した内容について、オペレーターが批判や誤った判断をしてしまうことでお客様は話すことをやめてしまいます。

2 アクティブリスニング活用のメリット

ⓐ お客様の感情を知ることができる

ⓑ お客様の情報を収集することができる

ⓒ お客様のニーズや重要度、プライオリティを知ることができる

ⓓ コールの主導権(コールハンドリング)を握ることができる

ⓔ お客様のストレスを緩和することが可能となる

ⓕ お客様の変化を知ることができる

☞ワンポイント
リスニングスキルを発揮して、お客様の理解に努めましょう。

4 トークスキル

オペレーターが話した内容が正しく、好感をともなって伝わるためのスキルをトークスキルといいます。

1 トークスキル活用のメリット

ⓐ お客様に正しい情報を伝え、企業やコンタクトセンターができることを相互に理解できる

ⓑ 企業やコンタクトセンターの印象を良くする

ⓒ 応対時間の最適化も図れる

☞ワンポイント
トークスキルを発揮して、要領よく簡潔に、感じ良くお客様に情報提供しましょう。

2 トークスキルの重要性

お客様のレベル（知識やスキル）に合わせた応対を行うことや、話す内容を要約し、情報や回答が正しく伝わるようにすることが重要です。

3 トークスキルの活用法

話す内容を正しく理解してもらうことで、オペレーターとお客様の双方がストレスなくコミュニケーションを取ることができます。お客様に話の内容を伝えるためには、以下の点に注意しましょう。

ⓐ お客様にわかりやすいスピードで話す

ⓑ はっきり明瞭に話す

ⓒ 簡潔に話す

ⓓ お客様のレベル(知識やスキル)に合わせた用語を使用する

ⓔ 略語や外来語、専門用語の使用を避ける

5 質問スキル

お客様が話す内容だけでは、お客様が真に伝えたいことや、お客様がおかれている状況などを理解することは難しいです。そのため、お客様が話した内容について、質問をすることでお客様が伝えたいことや、問題点を明確にすることができます。
お客様からより多くの情報を入手し、対応を迅速にするためにも質問スキルを活用しましょう。

1 質問スキルの活用

ⓐ お客様の問題を明確にする

ⓑ お客様の要求（ニーズ）を明確にする

ⓒ 言い換えを活用し、こちらの理解が正しいか確認する

ⓓ お客様が了承したか確認する

ⓔ お客様が理解しているか確認する

☞ワンポイント
質問スキルを発揮して、お客様との信頼関係を深めましょう。

質問スキルを活用することで、お客様と約束した内容を明確にし、お客様とゴールを共有することができます。

2 オープン質問とクローズ質問

ⓐ オープン質問はお客様が自由に答えられる質問(自由に話せる)

ⓑ クローズ質問はお客様が一言で答えられる質問(答えが限定される)

6 シンキングスキル（考えるスキル）

シンキングスキルとはお客様に内容が正しく伝わるためには何をすべきかを考えるスキルです。
お客様の感情の状況により、今このことを伝えるタイミングであるかを考えたり、相手に理解してもらうためにはどのような順序で伝えるのが良いかを考えます。

1 考えるスキルの活用

ⓐ コミュニケーションの目的を考える

ⓑ 伝えるタイミングを考える

ⓒ 話す順序を考える

ⓓ 相手の真意や要求は何かを考える

お客様に伝えるべきことは何かを明確にし、お客様にその内容が伝わっていることがコミュニケーションの目的です。お客様とのコミュニケーションの目的を明確にすることにより、会話の中で道筋から外れることなく、対応を迅速に完了することができます。また、お客様の話の先を読み、その内容に対する回答について考えることも行います。

☞ワンポイント

お客様も応対内容も多様化しており、オペレーターはマニュアル通りの応対ばかりでなく、場合によっては臨機応変な応対が求められることになります。

4-4 クレーム対応の基礎

【1】クレーム対応

学習ポイント

- クレームの意味・正体を知る
- クレーム応対のポイントを知る

☞ワンポイント
商品・サービスが多様化、複雑化していることや、コミュニケーション手段の多様化によって、問い合わせやクレームが増加しているといわれています。

1 クレームの意味

コンタクトセンターの業務の一つにお客様からのクレームへの対応があります。お客様からのクレームは会社の経営上の大きなリスクの一つであり、どの会社でもクレームの発生とその対応には頭を痛めています。「クレーム」の対応が悪ければ、利益の発生源である「お客様」を失うことになります。反対に、対応が良ければお客様の信頼を回復し、継続的な関係性を持つことができ、リピート客になってもらうことができます。
クレームは「苦情」「文句」、それもお客様が声を荒らげて文句を言うこと、というニュアンスで使われていますが、クレーム応対を考える時、英語本来の「要求」「主張」と考えた方がいいでしょう。

2 お客様不満足がクレームの正体

クレームは「物クレーム（商品クレーム)」と「人クレーム（サービスクレーム)」に大きく分かれます。「物クレーム」は、商品そのものがもたらしたクレームであり、破損や不良品などが代表的です。「人クレーム」は、流通の過程で起こったトラブルや接客の悪さなどです。お客様は何に対して不満を感じているのか、商品の欠陥に対してなのか、オペレーターの態度なのか、商品やサービスが期待していたほどではなかったからなのか、そうしたお客様の不満足の正体を突き止めて対処し、お客様に納得してもらい、不満足を解消します。そして、さらに不満足を満足に変えるのが、クレーム対応です。

クレームの種類

ヒト ↔ モノ

①サービスについてのクレーム
- 注文を間違える
- 説明、案内の不足
- 態度が横柄、雑
- 言葉遣いが悪い
- 内容を理解していない　など

②配達についてのクレーム
- 配達、商品の間違い
- 早すぎる配達、配達の遅れ
- 商品が届かない
- 注文時との価格の違い　など

③商品についてのクレーム
- 商品の間違い
- 商品の破損・汚損
- サイズ、色違い
- 期限切れ
- 異物混入　など

3 クレームを活かす

クレームには、口頭やEメール等で、お客様から発信された表出しているクレームと、不満には思っているが実際には発信されない、表に出てこないクレームがあります。その他にも軽微なミス等、一度ぐらいの失敗であれば気にならないが、繰り返すとクレームになるようなクレーム予備軍もあります。

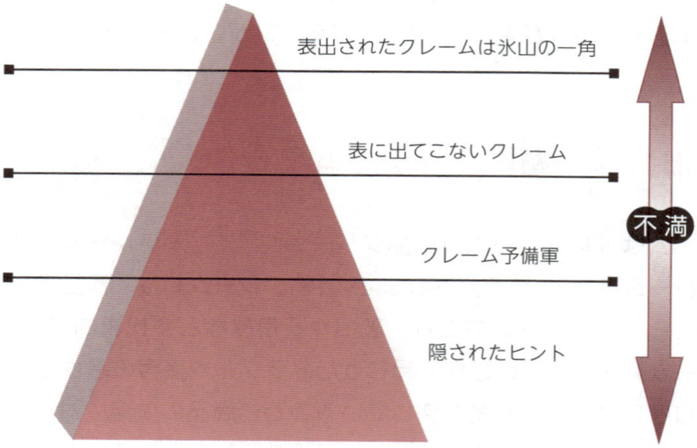

表出しているクレームは氷山の一角です。一つのクレームの後ろには同じように不満を感じているお客様が多数います。

☞ワンポイント

クレームはお客様から企業へのメッセージです。教えてくださったお客様は企業にとって大切なお客様であることを認識しましょう。

4 クレームお客様の心理

☞ワンポイント
お客様の心理を理解できると、どのように応対するかがわかってきます。

「お客様の立場になって考える」とは、接客全般にいえることですが、クレーム応対では特にお客様の心理を読むことが必要です。お客様の心理が読めていないと「何か不満な人・何か怖い人」くらいにしか感じません。しかし、お客様の発言の後ろにある気持ちや感情がわかると応対の幅は広がります。

1 クレームの元になる心理

お客様からのクレームは、自分の権利が侵害された、自分の欲求が満たされなかったという心理から生じます。

2 物理的要求と心理的要求

お客様がクレームを言う時には、会社側に何らかの要求をしてきます。

ⓐ 物理的要求 ⇒ 商品を交換してほしい
お金を返してほしい
弁償してほしい　等

ⓑ 心理的要求 ⇒ 丁寧にお詫びしてほしい
気持ちを理解してほしい　等

お客様は「弁償さえすればいい問題か」の言葉に象徴されるように、物理的要求だけ満たされれば満足、というわけではなく、心理的要求にも対応しなければ納得しないのが一般的です。
したがって物理的要求・心理的要求にあわせた正しい対応で、はじめてお客様は満足します。

5 クレーム応対法

☞ワンポイント
お客様の心理を踏まえ、クッション言葉や会話のスキルを活かして、お客様に応対しましょう。

1 クレーム応対の基本プロセス

お客様の不満と改善要求にオペレーターが適切な応対方法で対処し、不満を受け止め、改善を示すことが、プロセスの基本です。

ⓐ 誠意を持ってお客様の話を聴く（傾聴）

お客様の「しゃべりたい心理」を満たし、クレームの本質的特徴を確認します。お客様の話を遮らず、最後まで聴き、共感の言葉を伝えます。

ⓑ お詫びをする（謝罪）

自社に非があると判明した場合は謝罪します。自社に非があるかどうかわからない場合も部分謝罪（後述）を行い、お客様の怒りを鎮めます。

ⓒ 状況を把握する（質問・確認）

大切な情報の確認・復唱を行います。状況を把握（事実を確認）するためには、適切な質問をすることも重要です。

ⓓ お客様の要求に対して、会社の意向を伝える（提案）

できないことはあいまいに伝えず、はっきりと伝えます。その際、クッション言葉を添えて伝えます。

ⓔ 代案を提示する（提案）

最善をつくした代案を提示します。できることと、できないことをはっきりさせて話します。

ⓕ 具体的対処法を伝える（説明）

提案に対してお客様から合意を得たら、具体的な対処策を説明します。

ⓖ お礼とお詫びをする（謝罪・お礼）

提案を受け入れていただいたら、感謝とお詫びの気持ちを表現し、クレームを言っていただいたことへのお礼・お詫びの気持ちを伝えます。

2 相づちの打ち方

クレーム応対では、お客様の言葉に共感するということが大切です。相づちは、相手の話を聴いているというシグナルであり、「あなたのことを思っていますよ。」「あなたのおっしゃることを聴いていますよ。」ということを表現するものです。

ⓐ 相づちの言葉

「はい」「ええ」「さようでございますか」

「おっしゃるとおりです」

ⓑ オウム返しの言葉

お客様「○○の調子が悪いのよ」
オペレーター「○○の調子が悪いのですね」

3「申し訳ございません」の表現法

お客様：「———ということなんだよ。」
オペレーター：「申し訳ございません。」
文章に表すとこの会話は適切に思えます。しかし、クレームの現場では、これだけでは状況を推し量れません。「申し訳ございません」をどのように言ったかが重要です。
「はい」の相づちと同じように「申し訳ございません」に抑揚も何もなければ気持ちは伝わりません。本当に申し訳ない気持ちを表現するなら、「申し訳（頭を下げる）ございません。」と十分に間を取るようにします。

4 イマジネーションを働かせた気配り言葉

お客様が今おかれている状況とお客様の気持ちを察して対応することがクレーム応対では重要です。そこに必要となるのはイマジネーションであり、そのイマジネーションに基づいた気配りの言葉が大切です。

ⓐ 例えば雨の中を歩いて商品を今から返品しに行くというお客様には「お足元の悪い中～」「このようなお天気の中～」の一言がほしいものです。

ⓑ クリスマスに子供に買ってあげたおもちゃが不良品だったら「本当にお子様にも申し訳ないことを～」と一言がほしいものです。

雨の中を歩いているお客様、クリスマスプレゼントが壊れていて困っている家族の様子が頭の中に浮かんでくると適切な気配り言葉が使えるようになります。

5 部分謝罪

「申し訳ございません」を使ったために自社に非がなくとも、その言質を取られ、責任を負わなければならないという事態に追い込まれることもあります。部分謝罪を使うと事実そのものに謝罪しているわけではなく、お客様の状況を察して、そのような思いをさせたことに対してお詫びをしているという形になります。
そこで、
「ご迷惑をおかけして、申し訳ございません。」
「ご不便をおかけして、申し訳ございません。」
「ご不快な思いをされたこと、本当に申し訳ございません。」
のように「申し訳ございません」の前に、一言添える方法があります。

6「ありがとう」をうまく使う

ⓐ「お待たせして、申し訳ございません。」より、「お待ちいただいて、ありがとうございます。」の方がより人の心を優しくします。

ⓑ「そういうことがありましたか。申し訳ございません」より、「そういうことがあったのですね。お知らせいただきまして、ありがとうございます。」の方が良い。

練 習 問 題

問題 1

コンタクトセンターが提供したサービスがお客様の事前期待を下回った場合、お客様の評価はどのようになりますか。

ア. 大変満足
イ. 満足
ウ. 普通
エ. 不満

問題 2

あなたは、ある電気製品のサポートセンターのオペレーターです。お客様への応対として、正しいものはどれですか。

ア. お客様が一方的に、製品を購入した経緯や使いづらさなどを話し続けていたため、遮るのは失礼だと考え、相づちを打つこともなく黙って聞き続けた。
イ. 応対中にコンタクトセンターの営業時間を過ぎたので、翌営業日に電話をかけなおして、対応させていただきたいと申し出た。
ウ. お客様に、製品の「使用上の注意」について質問されたが、製品に梱包されている操作マニュアルに記載されている内容は読めばわかるので、書いていない内容のみ回答した。
エ. 正式な部品名は「リセットボタン」だったが、それだけではわかりづらいと考え、「正面から見て、右の上の方に白い 1 cmくらいのボタンがあると思います。それを押していただけますか」と説明した。

問題 3

クレームに対応する時の心構えについて、正しいものはどれですか。

ア. クレームは、周りの人に飛び火しないよう、まずは自分ひとりで解決することが重要である。
イ. クレームは、お客様のご要望を伺うチャンスと考え、逃げずに親身になってきちんと事実を聴き取るべきである。
ウ. クレームを言うお客様はお怒りのことが多いため、とにかく冷静に、怒りをなだめることを最優先とするべきである。

エ. クレームを言うお客様は自分のわがままを通そうとすることが多いため、流されないよう、正論をきちんと伝えるようにすべきである。

問題4

コンタクトセンターに求められるコミュニケーションとして正しいものはどれですか。

ア. お客様の話が長い場合は途中で遮って、こちらが主導権を握る。

イ. お客様の話す内容がよく聞き取れなくても、聞き直すと気分を害する恐れがあるので、そのまま話を進める。

ウ. こちらから電話をかける場合は、まずお客様が話せる状態であるか確認をしてから用件を話す。

エ. お客様からの問い合わせ内容がよくわからなくても、時間がかかると失礼なのでその場で回答した。

問題5

トークスキルの説明として、適切なものはどれですか。

ア. トークスキルで重要なことは、とにもかくにもお客様を買う気にさせることである。

イ. トークスキルで重要なことは、お客様に情報や回答が正しく伝わるようにすることである。

ウ. お客様には早口で話し、なんとなくわかった気になってもらうことが大切である。

エ. 状況によっては、お客様を煙に巻くようなトークスキルも必要である。

問題6

お客様に質問する時の正しい対応と考え方はどれですか。

ア. お客様が話す内容に繰り返しが多い場合には、オープン質問をして幅広くお話を伺う。

イ. お客様が話した内容について、要約して確認したり、質問したりすることは失礼にあたる。

ウ. 質問をする目的は、お客様の問題や要求を明確にし、迅速に問題を解決するためである。

エ. 質問をするよりも、お客様に自由に話していただいた方が多くの情報を入手することができる。

問題7

お客様に内容を明確に伝えるための行動として、正しいものはどれですか。

ア. どんな時もお客様にはマニュアル通りに案内する。
イ. 時にはマニュアルにある言葉を個々のお客様が理解できる言葉に置き換えてご案内する。
ウ. お客様から聞かれたことだけに答える。
エ. 自分の経験に基づいてご案内する。

問題8

お客様からの問い合わせ内容が明確に理解できませんでした。応対内容として、最も適切なものはどれですか。

ア. お客様がもう一度説明するのを待つ。
イ. お客様の言葉を、別の表現でわかりやすく復唱し、確認を行う。
ウ. 頭を整理してからもう一度かけてもらうよう依頼する。
エ. お客様の質問を推測して、まず回答を行う。

問題9

ＶＯＣを説明する内容として不適切なものはどれですか。

ア. ＶＯＣとはステークホルダーの声である。
イ. ＶＯＣはオペレーターが収集することも可能である。
ウ. ＶＯＣを最も多く収集できる部門の一つがコンタクトセンターである。
エ. ＶＯＣを分析することにより、企業は業務改善・新商品やサービスの開発をお客様視点で行える。

問題10

ロイヤルティに関する説明として適切なものはどれですか。

ア. ロイヤルティを持つお客様でも、商品やサービスを繰り返して利用いただけるリピーターにはなりにくい。
イ. ロイヤルティを持つお客様は、会社に対して苦情を申し立てたりすることはない。

ウ. ロイヤルティを持つお客様は商品やサービスについての良い情報を知人に知らせ、利用を勧めてくれる。

エ. ロイヤルティは商品やサービスそのものの品質で形成されるので、コンタクトセンターの役割は少ない。

問題11

お客様への依頼事項を説明する時、正しいものはどれですか。

ア. 手順を確認していただけるようにメモの準備をお願いする。

イ. お客様の手元の資料ではなく、オペレーターの説明で理解できたかを確認する。

ウ. 電話口でも身振り手振りを入れて気持ちをこめる。

エ. できるだけ手短に、早くお伝えする。

問題12

コンタクトセンターで対応できる範囲を超えた要望に対する対応として正しいものはどれですか。

ア. 会社で決められたサービスの範囲やルールを、お客様に理解いただくまで説明する。

イ. 会社のルールの範囲で対応できる代替案を示す。

ウ. お客様の様子が強く厳しい感じなら、ルールの範囲を超えて臨機応変な対応を行う。

エ. お客様の話す内容が誤っている場合は、注意深く正しい内容を伝える。

問題13

オペレーターの対応として正しいものはどれですか。

ア. お客様の意見よりも、会社の決定したお勧めを行う。

イ. お客様と意見の対立した場合は、会社の方針に沿って自分の意見を伝える。

ウ. お客様の話す内容が間違っていたとしても、お客様を怒らせないためにあえて指摘しなくても良い。

エ. お客様の話す内容が間違っていたら、相手を尊重しつつその間違いを是正する。

問題14

「クレーム」の説明として、正しいものはどれですか。

ア. クレームは、主にお客様の感情のはけ口として現れたものである。
イ. クレームは最終的には、謝罪とお詫びの金品を稼ぐのが目的である。
ウ. クレームは、心理的な欲求から発生したものである。
エ. クレームは、事前の期待と実際のサービスの差異が大きい時に発生しやすい。

問題15

お客様からのクレームに対する対応として、正しいものはどれですか。

ア. お客様からの貴重なご意見として記録し、報告する。
イ. お客様からのクレームについて、解決に至らなかったものについては、スーパーバイザーに必ず報告する。
ウ. クレームに関しては、本来あってはならないものなので、口外しないように努める。
エ. 同じお客様からの電話を、同じ担当者が応対しないようにする。

《解答と解説》

問題1　解答　エ

解説　お客様の事前期待とお客様の満足度（お客様の評価）の関係に関する問題です。お客様満足とは、お客様が持つ事前期待に対し、事前期待通り、もしくは期待以上の対応をしてもらえたと感じている状態をいいます。逆にお客様の事前期待を下回った場合には、お客様の評価は不満になることが多いです。

問題2　解答　エ

解説　インバウンドのコンタクトセンターにおける、電気製品のサポートセンターに関する問題です。一般的なインバウンドの応対に加え、サポートセンターならではの視点が必要です。「ア」のような状況では、お客様のお話には適切に相づちを打つなどの反応をして、こちらがお客様の話を聴き、理解していることを伝えます。また、「イ」のように応対中に営業時間を過ぎた場合にも、応対は継続します。「ウ」は電気製品のサポートセンター等における特有のケースですが、お客様がお持ちのマニュアルを参照いただいている場合でも、適宜内容をお伝えしながら応対をします。さらに「エ」のように声だけでの応対であるので、できるだけその部品や部位などを思い浮かべていただけるような表現も大切となります。

問題3　解答　イ

解説　コンタクトセンターに限らず、お客様対応を行う部門では、クレームは避けることはできません。コンタクトセンターでは、しっかりと事実を聴き取り、お客様のお怒りの感情を受け止め、しっかりと対応することが重要となります。クレーム対応は、オペレーター個人ではなく、コンタクトセンター全体のチームとして対応します。また、お客様のお怒りの「感情」を受け止めることと、とクレームの「事実関係」を確認することの両方が大切です。クレームを言うお客様は、自分の怒りをわかってほしいという気持ちは強いですが、いつもわがままを通そうとしているわけではありません。クレームは、お客様のご要望をお伺いし、会社の商品・サービスを改善するチャンスとしてしっかりと事実を把握することが大切です。

問題4　解答　ウ

解説　コンタクトセンターでの応対の基本的な進め方に関する問題です。お客様のお話が長い場合は、途中で言葉をかぶせたり、遮ったりするのではなく、相づちやお話の内容の確認、効果的な質問などを通じて応対の主導権を持つようにします。お客様の問い合わせ内容がわからないままでは、必要かつ正確な回答をすることができず、かえってお客様にお手間を取らせる可能性もありますので、たとえ聞き直すことがあったとしてもお客様のお話を正確に把握することが大切です。アウトバウンドの場合は、お客様の状態をまず確認することが大切です。

問題5　解答　イ

解説　コンタクトセンターでの応対で活用するトークスキルは、お客様の話を理解し、必要かつ正確な情報やサービスを提供することが目的です。したがって、早口でまくしたててわかった気になってもらったり、煙に巻くようなトークスキルは必要ありません。また、短期的な売り上げをあげることが目的ではなく、お客様と長期的な関係を構築することが目的です。したがって、「イ」のようにお客様に情報や回答が正しく伝わるようにするスキルが最も重要なスキルとなります。

問題6　解答　ウ

解説　お客様への効果的な質問に対する問題です。お客様が話した内容について、効果的な質問を活用することでお客様が伝えたいことや、問題点を明確にすることができます。お客様のお話に繰り返しが多く、話がまとまらない場合は、答えが収束するクローズ質問をして内容を把握していきます。また、適切な質問はお客様自身の課題に対する理解も促進するので失礼にはあたりません。効果的な質問の目的は、迅速に問題を解決することです。

問題7　解答　イ

解説　お客様に正確に情報をお伝えするトークスキルに関する問題です。最も大切なのは、マニュアルに沿いながらも、お客様の個々の状況や理解度に応じて、適切な言葉に置き換えつつ説明することです。「ア」のようにマニュアル通りでは、理解を十分に得ることはできないことがあります。また「ウ」のようにお客様に聞かれたことだけに答えていては、根本的な原因の解決方法や、背景的な情報提供ができないことも考えられます。「エ」のように自分の経験に基づくのではなく、お客様の側に立つことが重要です。

問題８　解答　イ

解説　お客様対応のプロセスについての問題です。お客様に対して、正確な回答をすることがお客様対応の基本ですが、お客様からの問い合わせ内容を明確に理解することが、対応のプロセスにおいて、最も必要なことです。コンタクトセンターのお客様対応では、できるだけ迅速に、お客様との会話をリードして、お客様の問い合わせ内容の把握に努めます。お客様の問い合わせ内容が明確に理解できない場合、お客様がもう一度説明するのを待ったり、お客様にわかりやすく説明していただくように依頼するのではなく、オペレーターからの効果的な質問等を通じて、話を整理するように努めます。また、お客様の質問を推測して回答すると、誤った先入観や理解で回答してしまう可能性が高くなります。「イ」のように、お客様の話された言葉を、別な表現でわかりやすく復唱して、話の内容を整理していくことが大切です。

問題９　解答　ア

解説　ＶＯＣ＝ボイス・オブ・カスタマーについての理解を問う問題です。ＶＯＣはお客様の声ですから、オペレーターの対応を通じて収集されるものです。ＶＯＣの収集は、市場調査やアンケート等を通じて収集することも可能ですが、日々お客様に直接対応しているコンタクトセンターはＶＯＣの収集において、最も重要な部門です。収集されたＶＯＣを分析することにより、お客様の要求や嗜好など把握し、業務改善や商品開発に活かします。ＶＯＣは、ステークホルダーの中でも特に「お客様」の声を収集したものです。

問題 10　解答　ウ

解説　お客様ロイヤルティについての問題です。ロイヤルティとは、一過性の満足度にとどまらず、お客様が企業と長期的な関係を保持しようと考えてくださることです。ロイヤルティを持つお客様は、商品・サービスのリピーターとなってくださいます。ロイヤルティを持つお客様でも、苦情を申し立てないとは限りません。しかし、過去に苦情があったお客様でも迅速な応対と問題の解決により、ロイヤルティをさらに高めることが可能です。ロイヤルティを高めるには、製品やサービス、窓口などのすべての体験が重要な要素となります。ロイヤルティの高いお客様は、良い情報を知人に知らせ、商品やサービスを勧めてくれる可能性が高いお客様です。

問題 11　解答　ア

解説　お客様対応の際に、お客様に手続きや操作をお願いすることがあります。その際には、応対終了後に確実に正確に手続きや操作を行っていただくように努める必要があります。オペレーターの説明で理解できたかを確認することは必要ですが、十分とはいえません。お客様への依頼事項は、手短に早くお伝えするよりも、お客様ご自身が理解されているかが重要となります。手順の確認のために、メモの準備をお願いし、お客様に復唱していただくことで確実にご理解いただけたかを確認できます。

問題 12　解答　イ

解説　お客様対応の際、会社の方針やサービスの範囲等で、どうしてもお客様のご要望に添えないことをご理解いただくことが必要な場合も出てきます。そういった場合は、単にお客様に説明を繰り返したり、お客様の誤りを正すだけでは、ご納得いただくことが難しいことがあります。「イ」のように、お客様へできる範囲の代替案をご提示することが、お客様にとってもコンタクトセンターにとっても良い対応といえます。また、ご要望に添えないからといって、お客様の様子次第で、対応のルールを変更するのではなく、コンタクトセンターの対応方針に基づいて特別な対応も検討されるべきです。

問題 13　解答　エ

解説　コンタクトセンターのオペレーターとして留意すべき、正しい対応の定義についての問題です。お客様のご意見をできる限り尊重できないかは検討すべきですが、お客様の話す内容が誤っていることが理由で、正確な情報提供に支障がある場合には、お客様の誤りについて、注意深く指摘する必要があります。お客様の状況やお立場を尊重しつつ、その間違いを是正し、正しい情報の提供に向けた対応が必要となります。対応の際は、オペレーターはお客様にとってあくまで会社の代表としての立場でお話していることを忘れないようにしましょう。

問題 14　解答　エ

解説　クレームの定義に関する問題です。クレームの要素として、お客様のお怒りなどの感情も含まれますが、それだけではありません。クレームは心理的な欲求と共に、物理的な補償を求める要求が含まれますが、金品を稼ぐことのみが目的ではありません。クレームは、会社の商品・サービスに対する事前の期待を大きく下回った場合に発生することが多くなります。

問題 15　解答　ア

解説　クレーム対応は、お客様応対が終了した後に、正しく記録を残し、将来的な商品・サービスの開発・お客様サービスのプロセスの改善などに活かすことが求められます。クレームはお客様からの貴重なご意見として記録し、報告することが必要です。報告は対応がうまくいったものも、未解決なものもすべて報告対象となります。また、クレームに関しては、コンタクトセンターの担当部門以外には口外すべきではありませんが、部門内では共有する必要があります。クレーム対応では、クレームの解決や経緯によっては、同じ担当者が対応を継続することもあります。

Chapter 5

お客様対応を支える システムとマネジメント

Entry

5-1　お客様対応を支えるシステム

【1】コンタクトセンターで活用されているシステム

学習ポイント

- 主要なシステムの機能を理解する
- 主要なシステムと業務の関わりを理解する

1　コンタクトセンターの電話機器

1 電話機のログイン・ログオフ

コンタクトセンターでは、電話機も、パソコンと同様にログイン・ログオフの作業があります。

ⓐ より良い顧客サービスのため

ログイン・ログオフすることで、オペレーターの勤務の状況や、応対の状況を把握することができます。

ⓑ 適切なスキルのオペレーターに電話をつなぐことができる

システムの設定により、受電内容に適したスキルを持ったオペレーターへ電話がつながるようにすることができます。

ⓒ セキュリティのため
ユーザー登録をされたオペレーター以外が電話を取ることができないので、部外者は電話対応業務を行うことはできません。

ワンポイント
オペレーターは、システムにログインすることで業務を開始したこと、ログオフすることで業務から離れることを、ACDシステムに伝えます。

2 電話機の操作（３つのモード）

ログインした後は、３つのモードを切り替えて電話対応業務を行います。
＊コンタクトセンターによりルールは若干異なります。

ⓐ 受付可（Available：アベイラブル）

このモードにしているときには、お客様から電話（インバウンドコール）が入ってきます。

ⓑ 後処理（Work：ワーク）

受付可の時に、お客様の応対業務を終了し、電話を切ると、自動的にこのモードになります。
このモードの間に、後処理業務として、応対内容の入力、必要な帳票の起票、必要がある場合には上長への報告を行います。
電話受付業務に戻る際は、受付可のボタンを押して受付モードに戻ります。

ⓒ 離席

会議やトレーニング（研修）で席を立つ時は、離席ボタンを押します。また、トイレや休憩の際も、離席のモードに切り替えます。

3 ヘッドセット

コンタクトセンターの電話対応では、受話器を使わないことが多いです。業務時間の７０％～８０％近く、電話業務を行うため、疲れることがないようにヘッドセットを使います。

ⓐ 自分の頭や耳にあった形に調整し、痛みや疲れが出ないようにします。ヘッドフォン部分のスポンジが傷んだら、交換を依頼しましょう。

ⓑ ヘッドセットのマイクの位置を調整します。指向性が高く、向きがあっていれば多少離れていても十分にオペレーターの音声だけを集音します。
（鼻息が入らないよう、マイクの向きを設定しましょう。）

ⓒ 業務用のヘッドセットは非常に堅牢ですが、丁寧に扱いましょう。

② 自動電話着信分配装置（ACD）

コンタクトセンターにかかってきた電話（インバウンドコール）は、会社の交換機(PBX）に着信した後、自動電話着信分配装置(ACD）により、一定のルールで担当のオペレーターに分配されます。

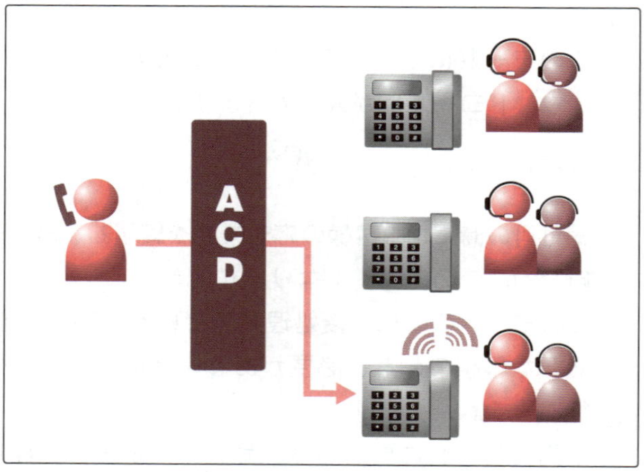

❶ 通常は、一番待ち時間の長いオペレーターから電話がつながります

❷ オペレーターに、公平に電話がつながります

誰かがつながりやすい、ということはありません。
特別にクレームがつながりやすいということもありません。
設定に従い、公平に電話がつながります。

❸ 適切なオペレーターに、適切な電話を着信させることができます

③ コンピューター・テレフォニー・インテグレーション(CTI)

❶ パソコンと電話機が一体化したシステムをCTIシステムといいます

❷ パソコン側から、電話のログイン・ログオフ・各種操作を行うことができます

❸ スクリーンポップアップ

お客様の電話番号や、事前に入力した会員番号などから、お客様の情報や過去の対応履歴などが、自動的に画面に表示されます。

ⓐ 画面操作の時間短縮

☞ 用語解説

「自動電話着信分配装置」(ACD:Automatic Call Distributor)インバウンドのコンタクトセンターにおいて、電話を着信順にオペレーター間で均等になるよう分配するシステムまたは機能。音声案内機能、蓄積データを報告する機能などがあります。

☞ 用語解説

「構内交換機」(PBX:Private Branch eXchange)電話同士を接続する機械のことです。

お客様の情報や、過去の問い合わせ履歴などを探す時間が短縮されます。

ⓑ 必要な情報の表示による対応の強化

4 ナレッジマネジメントシステム

コンタクトセンターにおいて、お客様対応の手助けとなる情報を、コンピューターシステムを使って管理・提供するシステムです。ナレッジマネジメントシステムを活用することで、以下の効果が期待できます。

1 コンタクトセンターのお客様対応に必要な商品・サービス、業務内容などの知識やプロセスを効率よく収集できる

2 個人の知識を組織全体の知識として共有できる

3 膨大な情報に対して、いつも正確かつ最新な情報を確認できる

お客様対応に関する情報は、頻繁に更新されることが多いため、ナレッジマネジメントシステムを参照しながら、お客様対応をすることが重要です。

5 音声応答システム（IVR）

コンタクトセンターに着電した際に、電話の交換機（PBX）で音声による自動応答（案内）を行うシステムです。お客様がダイヤル操作を行うことによって、お客様の用件に合わせた適切なオペレーターに電話をつなぐことができます。

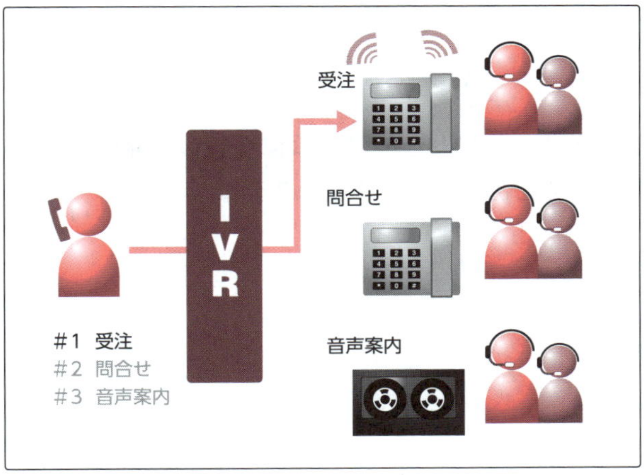

6 ログシステム（通話録音システム）

コンタクトセンターでのすべての通話内容を録音する装置のことです。通話内容は、デジタル変換され音声ファイルとして、日時や通話担当者などのインデックスをつけて保管されます。
ログシステムは、通話内容のモニタリングを通じた応対品質の向上などに活用されています。

7 ダイヤラー（アウトバウンドシステム）

コンタクトセンターが用意したリストに基づき自動的に電話を発信し、つながった電話をオペレーターに着信させるシステムのことです。アウトバウンド・コールを自動化できることで、オペレーターの電話をかける手間やアウトバウンド・キャンペーンのレポーティング集計にかかる手間や負荷を軽減できます。

1 プレディレクティブ・ダイヤラー

お客様につながるかどうかなどの状況やオペレーターの通話が終了するのを予測して、自動で発信してくれるシステム。
お客様につながった電話だけが、受付可（待機中）のオペレーターに配分されます。
オペレーターは、パソコンの画面上に表示されたお客様の情報や、コンタクトセンターのスクリプト（台本）に基づいて応対をします。

2 プログレッシブ・ダイヤラー

オペレーターが通話可能になった時点で、自動的に発信を行うシステム。

3 プレビュー・ダイヤラー

電話を発信するリストをシステムに登録し、発信先をオペレーターが選択することで、発信するシステム。

5-2　お客様対応を支えるマネジメント

【1】業務量の予測とシフト計画

学習ポイント

- お客様の需要に応えるための体制作りについて知る
- オペレーターとして、気をつけることを知る

1　お客様の需要とは

☞ワンポイント

お客様の需要に関して、Eメールやファックスよりも電話対応のほうが、その備えは大変です。Eメールやファックスは後からまとめて対応することも可能ですが、電話の場合は、その時にお客様をお待たせすることになります。

お客様が電話をかけてきたり、Eメールなどで問い合わせをしてこられるタイミングはどんな時でしょうか？
それは、お客様が答えを必要とされる時です。お客様のご都合で知りたい時にコンタクトセンターに、電話をされたり、Eメールを出されたりします。

❶ お客様からの問い合わせ件数（需要）が変化する要素

ⓐ シーズン的な需要の変化

引っ越しシーズン、行楽シーズンなどお客様のライフスタイルや、季節や祝日など、複合的な理由でコンタクトセンターに対する需要が高まる時があります。

ⓑ １日の中での需要の変化

朝一番に問い合わせをしたい、昼休みに電話をかけたい、窓口の終了する時間にギリギリになってしまった、など、1日の営業時間の中でも需要の変化があります。

ⓒ 会社やコンタクトセンター側の事情による変化

キャンペーンの締め切り、請求書の送付時期、決算の締め日など、会社の設定したスケジュールにより需要が変化することもあります。

ⓓ アウトバウンド業務の場合

電話のつながりやすい時間帯や、アウトバウンドの目的に合致したお客様が在宅の時間などにより、アウトバウンドをかける時間も変化があります。

2 お客様の需要に適切にお応えできない状況とは

1 お客様の需要に対して、オペレーターの人数が足りない

配置されている人数が足りないと、お客様をたくさんお待たせすることになります。待ちわびたお客様は、電話を切ってしまうかもしれません。電話がつながらなかったお客様は、もう一度チャレンジしていただけるかもしれませんが、購入をやめてしまったり、他社のお客様になってしまうかもしれません。

☞ワンポイント

お客様の需要に適切に応えるために、オペレーターの人数は、少なすぎても、多すぎてもよくないことを、知っておきましょう。

2 お客様の需要に対して、オペレーターの人数が多すぎる

ⓐ 会社のコストが増大する

オペレーターの待機時間が長くなり、それだけで人件費などのコストが増大してしまい、収益が落ちてしまいます。

ⓑ オペレーターが出社しても、電話がかかってこない

あまり忙しいのも良くはありませんが、あまりに仕事がなく待機しているのも、オペレーターにとっては楽しいことではありません。

＊実際には、電話が少ない時などは、普段できない研修を実施したりして、時間を有効に使うことが多いです。

3 お客様の需要の変化にお応えするための業務量予測

正確な需要の予測は、お客様にお応えする体制作りの基礎となります。お客様の需要の変化を予測して、適切な体制作りをすることは、お客様が利用しやすいコンタクトセンターを作るだけでなく、会社のためにもなります。

1 コンタクトセンターでは、需要の予測を行っている担当者がいます

ⓐ これまでのお客様の需要の変化から、業務量を予測します。

ⓑ クライアントからの情報により、業務量を予測します。

新製品の発売やキャンペーン、イベントなど、クライアントが予定しているもので、お客様の需要に影響がどのくらいあるかを予測します。

4 要員計画とシフト調整

コンタクトセンターの管理部門では、お客様の需要の変化に合わせて体制作りを行います。

1 要員計画

需要の変化に対応して、必要な場合にオペレーターの採用や研修を行います。

ⓐ オペレーターの採用

需要の増大が見込まれる場合に、採用活動や研修に必要な期間より先に採用を行います。

ⓑ オペレーターの研修

新規の採用だけでなく、在職中のオペレーターにも新しい知識やスキルを身につけ、需要に応えるための研修を行うことがあります。

☞ワンポイント
業務量予測に基づいて、オペレーターのシフトが決まります。お客様へのサービス向上のために、決められたシフトを守りましょう。

2 シフトの調整

ⓐ 予測に基づいて、時間ごとに必要な人数を計算します。

ⓑ 必要な人数に合わせて、オペレーターやスーパーバイザーの勤務時間や曜日(シフト)を決定します。

3 オペレーターとして気をつけること

シフトは、お客様の需要に応じて作成されたものです。通常シフトが決定される際に、業務に差しさわりがない可能な範囲でオペレーターの希望に添ってシフトを決定します。

ⓐ 一人一人のシフトは、コンタクトセンターの全体に影響を与えます

ⓑ 一度決まったシフトはできるだけ守りましょう

ⓒ 勤務時間内のシフトや休憩などによる交代時間を守りましょう

【2】リアルタイム調整

学習ポイント

- どんなに予測をしていても、需要は変化することを知る
- 臨機応変な調整のために、上長の指示に従うことを知る

1 需要の急激な変化

どんなにシフトを予測に基づいておこなっても、その場になってみないとお客様の需要（業務量）はわかりません。お客様の需要はいろいろな要因により変化します。

❶ 商品のキャンペーン

❷ 商品・サービスのトラブル

❸ 地域や社会的な変化（天候不良や天災、事件、事故、交通機関の遅延など）

2 コンタクトセンター側の変化

コンタクトセンター側の事情で、調整していたシフトを見直す必要が出てくることもあります。

❶ 天候や事故などで、出社できているオペレーターが少ない

❷ 想定より著しく業務量が少ない

❸ 対応時間などの効率性が著しく変わった

ⓐ 新しい商品・サービスで処理に時間がかかった

ⓑ クレーム対応の件数が増えて、対応時間が急に伸びた

☞ワンポイント

なぜシフト調整をするのか、流れを理解して、できる限り協力しましょう。

3 リアルタイム調整の例

❶ オペレーターが少ない時

ⓐ 他部門に応援を要請する

ⓑ スーパーバイザーや、管理部門のスタッフが応援に入る

❷ オペレーターが多い時

ⓐ 普段できていない研修を実施する

ⓑ コーチングなどの時間を設定する

❸ オペレーターとして気をつけること

決まったシフトを守るのが、まずは大切ですが、急激な状況の変化に応じて、スーパーバイザーやマネージャーからの指示や依頼があることがあります。オペレーターの一人一人の心がけと積極的な協力が、つながりやすくサービスが充実したコンタクトセンターを作り、結果お客様の満足を作り出します。

ⓐ 状況を見て、臨機応変に指示に従いましょう

ⓑ もし協力できることがあれば、積極的に協力しましょう

ⓒ 状況の変化に影響があると思われることを報告しましょう

【3】モニタリング

学習ポイント

- モニタリングの目的を理解する
- モニタリングの大切さを理解する

1 モニタリングの大切さ

コンタクトセンターの品質を評価するために必要な唯一の方法です。

❶ モニタリングによって、業務プロセス上の問題点＝ミスを見える化する

❷ モニタリングによってコンタクトセンターの改善点を発見する

> ☞ワンポイント
> モニタリングで確認する精度は、「応対ミスの発生率」または「ミスが発生しなかった率」で測定します。

2 モニタリングの目的

モニタリングの目的は、オペレーターの欠点を見つけ出し、オペレーターを評価することではありません。
モニタリングの目的は、業務の改善点の発見と、オペレーターの成長です。

❶ 正しい対応ができているか＝精度はどうか

❷ 業務プロセスに改善すべき点はないか

❸ オペレーターの知識やスキルは十分か＝研修は十分か

❹ お客様の満足度をあげるために効果的な活動かどうか

3 モニタリングのフィードバック

オペレーターのモニタリングを担当するのは、スーパーバイザーや品質管理担当者、研修担当者などです。
モニタリングが終了すると、モニタリングの結果をフィードバックしてくれます。
モニタリング結果フィードバックは、オペレーターの次の成長課題を見つけることであり、決して、欠点指摘の場ではないことを理解して、前向きにとらえましょう。

❶ モニタリングのフィードバックの方法

ⓐ モニタリングの評価シートを基に説明してくれる

ⓑ 実際に録音された応対の様子を一緒に聞く

ⓒ 改善すべき点がなかったか「気づき」を促す

❷ モニタリングのフィードバックを受ける心構え

ⓐ 良いところ、改善すべきところ、両方に耳を傾ける

ⓑ 自ら改善点について考える

ⓒ 改善の仕方について、フィードバック者と共に考える

ⓓ 実際の業務の目標として、フィードバックを活かす

【4】 働きやすい環境づくり

学習ポイント

- 安全で健康的な職場環境について知る
- 労働安全衛生について理解して守る

1 職場環境の安全

コンタクトセンターで働くことが、安心して安全な環境での業務となるように職場の労働環境の整備に協力することが大切です。

❶ 管理者や上長の労働安全衛生上の指示を守る

❷ 関連する労働法規について、指導を受けそれを守る

❸ 自ら、環境づくりで気づいたことを情報提供する

コンタクトセンターとシフト

コンタクトセンターでは、お客様の需要（コンタクトセンターに電話をする用事があること）を予め予測して、できるだけお待たせすることなく、また適切な人数で待機することができるように、シフト（時間帯毎の勤務人数）を決定します。できるだけ早めに、オペレーターの皆さんに予定を立ててもらえるように、シフトの募集をしたり、勤務の予定をお願いしたりします。
それでも、コンタクトセンターの状況、そしてそこで働くオペレーターの皆さんの状況の変化により、適切な対応が必要となります。

① コンタクトセンターの状況の変化

予測を上回る数の電話がかかってきたり、想定以上に対応に時間がかかったりする場合に、オペレーターの人数が不足することがあります。その場合は、シフトの変更をお願いしたりすることがあります。

② オペレーターとして働く皆さんの状況の変化

自分や家族の体調の変化など、やむを得ない場合はできるだけ早めに上長に報告し、対処を願い出ることが大切です。特にシフト中の場合は、無理をせず、すぐに上長に報告し、対処してもらうようにしましょう。

練習問題

問題 1

コンタクトセンターでは電話の着信量を予測する活動を継続的に行うことが重要です。その理由として正しいものはどれですか。

ア. 着信量に応じた適切な要員配置を行うため。
イ. 予測担当者の勤務評価につながるため。
ウ. コンタクトセンターの営業日、営業時間を決定するため。
エ. コンタクトセンターの設置場所を検討するため。

問題 2

オペレーターの業務中にインフルエンザの疑いのある症状が出ました。この時、オペレーターが取るべき行動として正しいものはどれですか。

ア. 長期の欠勤は職場に迷惑をかけるので、熱が下がった段階でマスクをして出勤した。
イ. 一度出勤したら勤務のシフトは崩せないので、マスクをして最後まで勤務した。
ウ. 予防接種を受けているのでインフルエンザではないと判断し出勤した。
エ. 上長に報告した上で、インフルエンザかどうか確定させるために病院に行き検査を受けた。

問題 3

コンタクトセンターのモニタリングで最も重要なものはどれですか。

ア. 業務プロセスが適切かを確認する。
イ. オペレーターの対応で問題点が何かを確認する。
ウ. 礼儀正しく応対ができているかを確認する。
エ. 評判の悪いオペレーターを確認する。

問題 4

オペレーターが電話システムにログインした状態を説明した文章のうち、不適切なものはどれですか。

ア. お客様の個人情報を自動で管理することができる。
イ. 稼働時間の内訳を正確に把握することができる。
ウ. オペレーターが今どのような状態でいるかをリアルタイムで把握できる。
エ. コールと同時に、電話をかけてきたお客様の情報を画面に表示させることができる。

問題5

コンタクトセンターにおける、着信件数の予測に関係ないものはどれですか。

ア. 過去の電話の着信件数
イ. コンタクトセンター所在地の人口
ウ. キャンペーンやプロモーションの計画
エ. 休日や祝日の組み合わせ

問題6

自動電話着信分配装置（ACD）の機能の一般的運用のうち、正しいものはどれですか。

ア. 待ち時間の短いオペレーターから電話をつなぎ、効率性を高める装置である。
イ. ベテランのオペレーターから電話をつなぎ、応対品質を向上させる装置である。
ウ. 待ち時間の長いオペレーターから電話をつなぎ、設定された範囲で均等にオペレーターに着信を分配する装置である。
エ. お客様の過去の対応履歴に基づいて電話をつなぎ、継続している案件をスムーズに行うための装置である。

問題7

ログシステム（通話録音システム）活用の最も重要な目的はどれですか。

ア. 通話録音により、お客様に非が認められる案件を確認するため。
イ. 通話内容のモニタリングを通じて、応対品質を向上させるため。
ウ. オペレーターの間違いを発見し、企業としての説明責任を緩和するため。
エ. 対応音声の音質や音量について、情報システム部門が調査をするため。

《解答と解説》

問題1　解答　ア

解説　着信量の予測の意義を問う問題です。着信量の予測は、お客様の問い合わせ件数の需要に応じた、適切な要員計画を策定するためのものです。着信量の予測は、コンタクトセンターの営業日、営業時間に応じた予測をしますので、その決定が目的ではありません。また、予測担当者の勤務評価や、コンタクトセンターの設置場所を検討することは本来的な目的ではありません。（コンタクトセンターの企画段階では、需要に応じた設置場所、営業日、営業時間などを検討することがあります。）

問題2　解答　エ

解説　快適な職場環境についての問題です。管理職・オペレーター共に快適な職場環境を継続的に保つために協力すべきです。インフルエンザ等の流行性疾患が発生した場合は、速やかにその流行防止に向けた行動が必要です。体調不良やインフルエンザなどの流行性疾患の疑いがある場合は、勤務の継続や出勤の可否を自身で判断するのではなく、上長に報告した上で、医療機関で検査・治療を受けることが大切です。

問題3　解答　ア

解説　コンタクトセンターにおけるモニタリングの目的に関する問題です。モニタリングにおける最も重要な目的は、個別のオペレーターを評価することではなく、コンタクトセンターの業務プロセスにおける問題点を発見し、改善のために役立てることです。また、モニタリングは精度の測定、個人スキルの確認、コンタクトセンターが実施するお客様満足度調査の妥当性を検証する目的でも実施されます。

問題4　解答　ア

解説　電話システムへのログインに関する問題です。コンタクトセンターはお客様から多数のコールが着信します。そのため、一般的なコンタクトセンターでは、お客様からの電話に効率的に対応するため、高度な機能を持つ電話システムを使用しています。オペレーターが電話システムにログインすることにより、稼働時間の正確な把握や、オペレーターの状態（待機中・通話中・後処理中など）のリアルタイムでの把握が可能になります。また、お客様情報の自動表示などのＣＴＩ機能もログインすることで利用が可能になります。「ア」の個人情報管理は、電話システムとは別に行われるべきであり、電話システム機能とは無関係です。

問題５　　解答　イ

解説　コンタクトセンターにおける需要の予測に関する問題です。コンタクトセンターの着信件数は、過去の着信件数の実績や、増減の傾向、曜日・時間帯ごとの変動、季節要因、キャンペーンや新製品の販売などが影響します。予測担当者はこれらのデータ・情報を分析して、着信件数（需要）を予測します。電話をかけてくるお客様は、コンタクトセンターがどこにあるかを知らされていないため、「イ」のコンタクトセンター所在地の人口は、着信件数の予測とは無関係です。

問題６　　解答　ウ

解説　自動電話着信分配装置（ＡＣＤ）とは、インバウンドのコンタクトセンターにおいて、電話を着信順に、一定のルールに基づいて分配する装置です。通常は、一番待ち時間の長いオペレーターから電話がつながるように設定され、電話を均等に公平に分配する機能で運用されています。「ア」のように、待ち時間の短いオペレーターから電話を分配すると、公平な運営が難しく、かえって効率性が下がる可能性が高くなります。「イ」のベテランオペレーターの優先度を上げる運用もありますが、ベテランから順に着信させる運用は一般的ではありません。「エ」の過去の対応履歴に基づいて分配する仕組みは、ＣＴＩ（コンピューター・テレフォニー・インテグレーション）の機能が必要となり、顧客データベースとのマッチングにより電話を分配します。

問題７　　解答　イ

解説　ログシステムは、コンタクトセンターで広く活用されるようになっています。その目的は、一義的には通話内容のモニタリングを通じて、応対品質を継続的に改善していくことです。会社の正当性を証明したり、オペレーターの誤りを確認したりすることで企業防衛を図るためではありません。また音質や音量についても同様です。

索 引

ビジネスコミュニケーション コンタクトセンター検定試験 公式テキスト エントリー資格

CMBOK2.0準拠 試験範囲完全対応

(FKT1352)

2014年 4 月 3 日　初版発行
2024年 4 月25日　第 3 版第 2 刷発行

著作：一般社団法人 日本コンタクトセンター教育検定協会
制作協力：CMBOK編集委員会

発行者：山下　秀二

発行所：FOM出版（富士通エフ・オー・エム株式会社）
〒212-0014 神奈川県川崎市幸区大宮町 1 番地 5 JR川崎タワー
株式会社富士通ラーニングメディア内
https://www.fom.fujitsu.com/goods/

印刷／製本：株式会社広済堂ネクスト

表紙デザイン：株式会社イタレリ
本文デザイン：リトル・エレファント株式会社